A. FERRET 1978

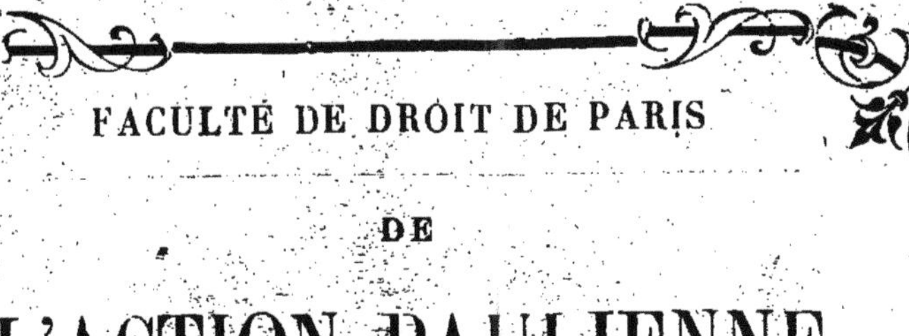

FACULTÉ DE DROIT DE PARIS

DE

L'ACTION PAULIENNE

EN DROIT ROMAIN

ET

EN DROIT FRANÇAIS

THÈSE POUR LE DOCTORAT

L'acte public sur les matières ci-après sera soutenu
le Jeudi 29 novembre 1866, à 2 heures

EN PRÉSENCE DE M. L'INSPECTEUR GÉNÉRAL GIRAUD

PAR JULES ROME

Né à Reims.

PARIS

RETAUX FRÈRES, LIBRAIRES-ÉDITEURS

15, Rue Cujas, 15

1866

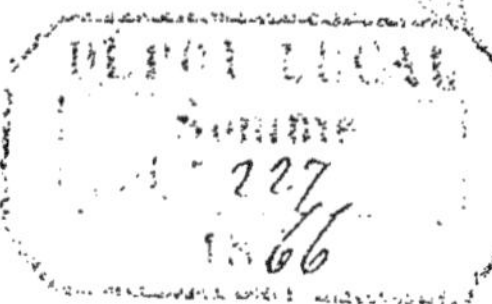

FACULTÉ DE DROIT DE PARIS

DE

L'ACTION PAULIENNE
EN DROIT ROMAIN
ET
EN DROIT FRANÇAIS

THÈSE POUR LE DOCTORAT

L'acte public sur les matières ci-après sera soutenu
le Jeudi 29 novembre 1866, à 2 heures

EN PRÉSENCE DE M. L'INSPECTEUR GÉNÉRAL GIRAUD

PAR JULES ROME
Né à Reims.

PRÉSIDENT : M. MACHELARD

SUFFRAGANTS. MM. DURANTON, DUVERGER, LABBÉ, PROFESSEURS
DESJARDINS, AGRÉGÉ

PARI
RETAUX FRÈRES, LIB RES-ÉDI URS
15, Rue
1866

A MON PÈRE

—

A MA MÈRE

INTRODUCTION

La société a besoin d'ordre : la paix intérieure est l'élément le plus essentiel à la prospérité d'un État. Il est évident que les pays, où la prospérité n'a qu'une existence précaire et incertaine, voient leur population et leurs richesses diminuer chaque jour. L'homme se hâte d'abandonner le sol, où on peut lui enlever demain ce qu'il gagne aujourd'hui, où il n'est pas assuré de transmettre à sa famille une fortune amassée par le travail et conservée par l'économie. Une nation ne peut donc vivre qu'à condition de faire respecter chez elle la propriété justement acquise.

A côté de la propriété et de ses démembrements, l'homme a dans son patrimoine une foule de droits, qu'on désigne sous le nom de droits personnels ou droits d'obligation. Ils doivent être aussi garantis que les droits réels ; comme eux ils font partie de la fortune particulière, et il est impossible de défendre la propriété sans les protéger en même temps ; n'est-il pas vrai, en effet, que tout droit de créance a pour but final un droit de propriété ?

Tout État doit donc veiller à ce que les obligations soient fidèlement exécutées ; et en agissant ainsi, il n'obéit pas seulement à un devoir de morale, à un sentiment de dignité ; il y a là pour lui une condition essentielle à son existence.

Ce besoin est reconnu par tous les peuples, et des moyens sont donnés aux créanciers pour leur permettre de vaincre la résistance d'un débiteur récalcitrant. Ces moyens peuvent se résumer en deux : 1° Voies d'exécution sur la personne, 2° Voies d'exécution sur les biens.

Il est à remarquer que, chez les peuples barbares, le mode principal est la voie d'exécution sur la personne. On s'empare du débiteur qu'on traite avec plus ou moins de dureté : la saisie des biens n'est qu'un accessoire de cette saisie corporelle.

A mesure que la civilisation fait des progrès, les cruautés diminuent, et nous voyons que le Code Napoléon a précisément pris le contre-pied de ce système. Chez nous les créanciers n'ont en principe action que sur les biens de leur débiteur. Ils peuvent saisir et vendre tout ce qu'il possède, mais la contrainte par corps n'est qu'une mesure exceptionnelle ; la loi en fixe les cas d'une façon tout-à-fait limitative. Et quelle différence entre la situation de ce débiteur incarcéré et celle du débiteur insolvable sous l'empire de la loi des Douze Tables !

Les créanciers ont donc pour gage le patrimoine de leur débiteur, art. 2092 : « Quiconque s'est obligé personnellement est tenu de remplir son engagement sur tous ses biens mobiliers et immobiliers, présents et à venir. »

Toutefois ce gage est essentiellement variable et imparfait, car le patrimoine, considérable aujourd'hui, peut être demain réduit à néant. Le moyen semble donc être inefficace. Et, en effet, on ne peut enlever à un débiteur l'administration de sa fortune dès qu'il a des créanciers, le remède serait pire que le mal. Quelle est la personne qui n'en a pas ! D'un autre côté, permettre au débiteur de diminuer sa fortune à sa guise par des libéralités, le laisser enrichir des tiers de mauvaise foi aux dépens de ses créanciers, c'est leur retirer d'une main la garantie qu'on leur accorde de l'autre.

L'action Paulienne fut créée, elle vint assurer le gage des créanciers tout en laissant au débiteur le droit d'administrer sa fortune dans les limites de la bonne foi. Ce fut l'œuvre du préteur Romain. Il sut, dans une matière aussi délicate, venir en aide aux créanciers tout en respectant le droit du débiteur et celui des tiers contractants.

L'action Paulienne, à laquelle le Digeste consacre un titre entier, et que nous trouvons mentionnée aux Institutes [1], passa dans notre ancienne jurisprudence, et le Code Napoléon l'a sanctionnée dans l'art. 1167 : « Les créanciers peuvent aussi, en leur nom personnel, attaquer les actes faits par leur débiteur en fraude de leurs droits. »

[1] Dig. Livre 42, titre 8. Quæ in fraudem creditorum. Instit. Livre IV. Titre 6 § 6.

Comme on le voit, le législateur français consacre l'action Paulienne, mais il est muet quant aux conditions d'exercice; il n'en indique ni la nature ni les effets. On ne peut expliquer un pareil silence que par un renvoi tacite aux principes sanctionnés par l'usage.

Nous nous trouvons donc en présence d'une action qui a deux mille ans d'existence. Elle a traversé ce long espace de temps en conservant ses caractères principaux et ses conditions fondamentales. Quel plus bel éloge peut-on faire de la législation Romaine!

Montesquieu a dit avec raison que la loi n'est pas l'œuvre d'un homme, d'une assemblée qui la décrète; c'est l'œuvre du temps. Que penser d'une loi restée la même après vingt siècles d'expérience!

Nous allons d'abord étudier l'action Paulienne en droit Romain. C'est dans les décisions des jurisconsultes de l'époque classique que nous irons chercher les conditions d'exercice, sur lesquelles le législateur français est resté muet. Dans une seconde partie nous étudierons les modifications que l'action Paulienne a reçues en passant dans le Code Napoléon.

PREMIÈRE PARTIE

DROIT ROMAIN

ORIGINE DE L'ACTION PAULIENNE

L'action Paulienne, comme nous l'avons déjà fait remarquer, prit naissance dans la juridiction du préteur. Les créanciers furent donc longtemps sans avoir de ressource directe contre la fraude de leur débiteur. Ils ne trouvaient qu'une garantie détournée dans la sévérité de la loi; la législation primitive de Rome était si cruelle à l'égard du débiteur insolvable que la fraude semblait peu à craindre. Le débiteur, qui ne payait pas ses dettes, ne pouvait en effet conserver la liberté et même la vie que grâce à la pitié de ses créanciers; il devait donc éviter avec le plus grand soin tout ce qui pouvait augmenter leur ressentiment.

Sous l'empire de la loi des Douze Tables, les créanciers non payés saisissaient la personne même de leur débiteur. La *pignoris capio* n'avait lieu que dans certains cas exceptionnels [1].

Les créanciers avaient la *manus injectio* que les décemvirs conservèrent en la réglementant. Sous l'empire de la loi des Douze Tables, cette voie d'exécution était accordée contre toute personne condamnée ou qui avouait sa dette en justice. Voici ce que nous lisons dans Aulu Gelle : « *Confessis igitur æris ac debiti judicatis triginta dies sunt dati conquirendæ pecuniæ quam dissolverent ; eosque dies decemviri justos appellaverunt velut quoddam justitium, id est juris inter eos quasi interstitionem quamdam et cessationem, quibus diebus nihil cum his agi jure possit. Post deinde nisi dissolverant, ad prætorem vocabantur, et ab eo, quibus erant judicati addicebantur, nervo quoque, aut compedibus vinciebantur* » [2].

Le débiteur a un délai de trente jours pour payer ce qu'il doit ; c'est une sorte de trêve ; si au bout de ce temps il n'a pas satisfait son créancier, celui-ci l'emmène devant le magistrat, et c'est alors que s'accomplit l'action de la loi, cette sorte de main mise judiciaire. Gaïus nous indique les paroles prononcées par le créancier : « *Quod tu mihi judicatus sive damnatus es sestertium decem millia, quæ dolo malo non solvisti, ob eam rem ego tibi sestertium decem millium judicati manus injicio* » [3].

A ce moment, le débiteur peut encore payer ou présenter un homme solvable, qui prenne fait et cause

[1] Gaïus. C. IV § 26-29.
[2] Nuits attiques XX-1.
[3] Gaïus. C. IV § 21.

pour lui, un vindex. A défaut de cette satisfaction, il était *actori addictus*, attibué par le magistrat à la personne qui l'avait fait condamner, ou envers laquelle il s'était reconnu débiteur. L'effet de cette déclaration judiciaire était de permettre au créancier d'emmener l'*addictus* dans sa maison, de l'y enfermer, et de le charger de fers.

C'est ainsi que, d'après le témoignage de Tite Live, chaque maison de patricien devint une prison qui chaque jour se remplissait de débiteurs insolvables : « *Gregatim quotidie addictos de foro duci, et repleri vinctos nobiles domos, et ubicumque patricius habitet, ibi carcerem privatum esse.* »

Ces emprisonnements nombreux et les cruautés que la loi autorisait, amenèrent des troubles populaires fort graves.

Les créanciers traitaient leurs débiteurs avec tant de dureté, que la loi des Douze Tables fixa elle-même une limite au poids des chaînes et un minimum à la nourriture : « *Vincito aut nervo aut compedibus : quindecim pondo ne majore, aut si volet minore vincito. Si volet, suo vivito ; ni suo vivit, qui em vinctum habebit, libras farris endo dies dato ; si volet, plus dato.* »

Cette *addictio* ne rendait pas esclave ; il n'y a pas encore de *capitis deminutio*. Mais ce n'était là qu'une situation provisoire, un dernier et suprême délai accordé au débiteur. Cet état se prolonge pendant soixante jours. Durant ce répit légal l'*addictus* doit être conduit devant le magistrat et on y proclame la somme pour laquelle il a été condamné. Il est encore temps de venir à son secours ; mais, une fois les soixante jours écoulés, tout est fini, le débiteur devient un véritable esclave, il peut-être vendu *trans Tiberim*. La loi des Douze Tables permet même aux créanciers de le mettre à mort et de partager ses restes : « *Tertiis nundinis, partis secanto ; si plus, minusve secuerunt, se fraude esto.* » Le témoignage des auteurs anciens nous prouve que cette terrible sanction n'était pas restée à l'état de vaine image [1].

Tel était le système primitif de la loi Romaine. Comme on le voit, la fraude était peu à craindre sous une législation, qui, assimilant l'insolvabilité aux crimes les plus graves, rendait les créanciers arbitres suprêmes de l'existence de leur débiteur.

Ce système fut adouci dès le cinquième siècle par la loi Pœtelia. Cette loi, qui n'a pas laissé de traces bien précises, semble avoir défendu à un homme libre de promettre des *operæ serviles* en cas de non paiement à l'échéance. Elle enlève au créancier le droit de charger de liens son débiteur : *Ne quis compedibus nervo teneretur*. Toutefois cette loi Pœtelia ne supprima ni l'*addictio*, ni l'emprisonnement de l'*addictus* [2].

Lorsque les actions de la loi disparurent, la *manus injectio* fut enfin remplacée par une voie d'exécution moins inhumaine, la *venditio bonorum*. Cette institution qui date de la fin du sixième ou du commencement du septième siècle est due au préteur Rutilius.

1 Aulu Gelle. Nuits attiques XX-1. — Quintilien. Inst. orat., III-6. — Tertullien. Apol., ch. IV.

2 Voir M. Demangeat. Cours élémentaire de droit Romain T. 2 p. 133 et 134.

Elle fut une extension d'une autre création prétorienne, la *bonorum sectio*.

La *venditio bonorum* est précédée de l'envoi en possession des biens; cette *missio in opossessionem* a lieu au moyen d'un décret du magistrat. Ce décret a une analogie très remarquable avec notre jugement déclaratif de faillite : le débiteur perd l'administration de ses biens, les actes postérieurs sont nuls à l'égard des créanciers; un ou plusieurs curateurs sont nommés par eux avec approbation du magistrat, ils exercent les différentes actions et jouent un rôle analogue à celui de nos syndics de faillite.

Nous n'avons pas à entrer ici dans les détails de la *bonorum venditio*, sur laquelle Gaïus et Théophile nous fournissent des renseignements précieux. Il nous suffira de rappeler qu'il y avait d'abord une *proscriptio* ou affiche, accompagnée d'une sorte de cahier des charges, appelé *lex bonorum vendendorum*. Un magister était nommé pour diriger les opérations et recevoir les enchères. Enfin la vente était achevée par un dernier décret du magistrat ; la masse des biens était adjugée à l'enchérisseur qui offrait le dividende le plus élevé. Cette *bonorum venditio* constituait une sorte de *successio in universum jus*, qui n'existe plus à l'époque de Justinien.

Sous cet empereur, la vente en bloc est remplacée par la vente en détail des biens du débiteur, la *distractio*. C'est le système que nos lois ont admis.

Quelque durs que paraissent les résultats de la *bonorum venditio*, il y avait bien loin de là au régime primitif de la législation romaine. Cicéron parlant de la *bonorum venditio* nous montre les créanciers s'assemblant pour la rédaction du cahier des charges et réglant les conditions de la mort de leur débiteur. Il n'y a là qu'une métaphore, mais cette image était une réalité deux siècles plus tôt.

Ce résultat fut l'œuvre du préteur, à lui aussi revenait l'honneur de créer l'action Paulienne. Après avoir conservé au débiteur la vie et la liberté, il veilla à sauvegarder dans de justes limites les droits des créanciers. C'est ce que fit un préteur du nom de Paul. La date de cette action n'est pas certaine, mais nous croyons avec Cujas la trouver mentionnée dans un ouvrage de Ciceron.

Abordons maintenant l'étude de cette action en droit Romain. Nous diviserons notre première partie en huit chapitres :

Premier chapitre. — A quels actes s'applique l'action Paulienne ?

Deuxième chapitre. — Actes qui n'y sont pas soumis.

Troisième chapitre. — Condition d'application.

Quatrième chapitre. — Quelle en est la nature ?

Cinquième chapitre. — A qui et contre qui elle est accordée ?

Sixième chapitre. — Ses effets.

Septième chapitre. — A qui profitent les restitutions et condamnations ?

Huitième chapitre. — Comment s'explique la coexistence des divers moyens d'action donnés aux créanciers ?

Dans un appendice nous dirons quelques mots de la loi *Ælia Sentia* et nous nous demanderons quel a été l'ordre probable des différents secours accordés aux créanciers contre la fraude de leur débiteur.

PREMIER CHAPITRE

A quels actes s'applique l'action Paulienne ?

Les termes de l'édit nous sont rapportés par Ulpien dans la loi 1 du titre sur lequel portera spécialement notre étude [1]. Le préteur s'exprimait d'une façon très-générale : « *Quæ fraudationis causa gesta erunt,* » et le jurisconsulte commente ces termes dans les lois 1 § 2-2 et 3 pr. de notre titre [2]. Ces remarques sont importantes, je traduis le passage : « Voici les expressions de l'édit : « *Quæ fraudationis causa,* » ces termes sont généraux et s'appliquent indistinctement à toute espèce d'aliénation ou de contrats faits en fraude. En conséquence, tout ce qui a été fait en fraude, de quelque acte qu'il s'agisse est révoqué par ces mots ;

1 Dig. L. XLII. Titre 8. Quæ in fraudem creditorum.

2 Les fragments qui forment les lois 1 et 3 se suivaient dans l'ouvrage du jurisconsulte sur l'Edit ; on a intercalé la loi 2 tirée d'un autre passage du même ouvrage.

car ils ont la plus large portée. Il faut les appliquer à l'aliénation, à l'acceptilation, au pacte de libération. Et si le débiteur fait remise d'un gage, favorise un créancier en fraude des autres, lui fournit une exception ; s'il s'oblige, compte de l'argent, ou agit de n'importe quelle autre façon en fraude de ses créanciers, il y a certainement lieu d'appliquer l'édit. »

Les termes de l édit ont la plus large étendue, dit Ulpien : il le répète plusieurs fois dans ces fragments, et après avoir donné une série d'exemples assez nombreux, il ajoute : *Vel quodcumque aliud fecit in fraudem creditorum.* Passons en revue les différents cas d'application que nous présente le jurisconsulte.

Alienatio. Ulpien entend par là les aliénations tant à titre gratuit qu'à titre onéreux. Nous trouvons sur ce mot une loi de Paul qui peut être considérée comme le complément du passage que nous venons de citer. « *Alienationis verbum etiam usucapionem continet ; vix est enim, ut non videatur alienare, qui patitur usucapi. Eum quoque alienare dicitur, qui non utendo amisit servitutes, Qui occasione adquirendi non utitur non intelligitur alienare : veluti qui hereditatem omittit, aut optionem intra certum tempus datam non amplectitur.* [1] »

Acceptilatio. L'*acceptilatio* est un paiement fictif spécial aux contrats formés *verbis.* Ulpien fait dans un autre fragment de notre titre l'application du principe posé : « Une femme en fraude de ses créanciers se constitue en dot ce que lui doit son mari, et lui

[1] Dig. 50-16. L. 28 pr. de verbor. signif.

fait acceptilation ; cet acte donne ouverture à l'action, et on pourra ainsi réclamer du mari tout ce qu'il devait ; quant à la femme, elle n'aura pas l'action *de dote* à la dissolution du mariage, car la dot ne doit pas être constituée en fraude des créanciers ; cela est plus que certain et a été souvent décidé dans les rescrits. L'action aura pour résultat de faire revivre dans son entier l'obligation que l'acceptilation avait éteinte [1]. »

Ce texte nous parle de mari et femme, il parait donc supposer que la dot a été constituée après le mariage ; nous ne nous en étonnerons pas ; nous savons en effet qu'à Rome, la dot pouvait être constituée soit avant, soit après le mariage : « *Dos aut antecedit aut sequitur matrimonium, et ideo vel ante nuptias vel post nuptias dari potest, sed ante nuptias data earum expectat adventum* [2]. »

Et per hanc omnis pecunia, quam maritus debuerat, exigitur. — Des auteurs considérables traduisent ainsi ce passage : par cette action ce que doit le mari à la femme est rendu exigible. Ils y voient dès lors une inexactitude de rédaction. Le mari en effet devra jouir du bénéfice du terme si son obligation n'était pas pure et simple; le jurisconsulte disant *in fine* que l'obligation primitive revivra dans son entier, elle doit renaître avec le terme qu'elle comportait. Cette solution est fort juste, mais la critique du texte est elle vraiment bien fondée? Je ne le pense pas; je crois

[1] L. 10 § 14, nostr. tit.

[2] Sent. de Paul II 21 B § 1. — Fragm. Vatic. § 110. — Instit. II-7 § 3. — Chez nous au contraire la dot ne peut être constituée ni même augmentée pendant le mariage. (Art. 1543).

que le jurisconsulte a seulement voulu dire que, l'action faisant tomber la remise de dette, le mari devra rendre tout ce qu'il devait, mais quand ? Le texte ne le dit pas et renvoie à la dernière phrase la solution de cette question. En conséquence, j'aime mieux lire : on pourra réclamer au mari tout ce qu'il devait à sa femme. Cette traduction n'a, je crois, rien de contraire au texte, et elle a l'avantage d'éviter une contradiction apparente.

Julien a étendu la décision d'Ulpien à tous les cas frauduleux de remise de dette [1].

Pactum. — Si l'obligation est éteinte non pas *ipso jure* mais *exceptionis ope*, par l'effet d'une convention, l'action Paulienne ne s'en applique pas moins. Et cela qu'il s'agisse d'un pacte de *non petendo*, d'une transaction ou d'un serment.

Si se obligavit fraudandorum creditorum causa. — S'il s'oblige en fraude de ses créanciers. Plus il aura de créanciers, moins fort sera leur dividende.

Sive numeravit pecuniam. — S'il compte de l'argent soit à titre de donation pure et simple, de prêt sans intérêts, de paiement avant l'échéance.

Si pignora liberet. — S'il fait remise d'un gage. L'intérêt des créanciers est encore évident, c'est diminuer son patrimoine que renoncer aux sûretés qui le garantissent. Papinien parle de la remise du gage dans une loi qui fournit une comparaison intéressante [2]. « Si un mari fait à sa femme remise d'un gage, ou la femme à son mari, il est plus juste de dire

[1] Loi 17 pr. nostr. tit.
[2] Loi 18 nostr. tit.

qu'il n'y a pas là donation. Mais sans aucun doute, si on a agi en fraude des créanciers, la remise sera effacée au moyen de l'action utile. Il en est de même quand une personne quelconque fait remise d'un gage en fraude de ses créanciers. »

La fin de ce texte ne nous étonne pas, c'est une application pure et simple des principes de l'action révocatoire. Mais, quand il s'agit d'une remise de gage entre mari et femme, pourquoi admettre en pareil cas l'action Paulienne? Le droit Français déclare les donations entre époux seulement révocables, le droit Romain les annulait complètement; or faire remise d'un gage, c'est faire une donation, dès lors à quoi bon l'action Paulienne? On n'a pas besoin de faire révoquer un acte complètement nul. Cette décision est cependant parfaitement juste. Le principe de la nullité des donations entre époux et le principe de la révocabilité des actes en fraude des créanciers reposent en effet sur des motifs différents, qui en limitent la portée. Le législateur défend les donations entre époux parce qu'il ne veut pas que l'un s'enrichisse aux dépens de l'autre; or dans notre espèce il n'y a pas d'enrichissement, puisque la dette subsiste dans son entier. Les sûretés qui l'accompagnent, n'existent plus, mais il n'en résulte aucun profit personnel. Les créanciers de l'époux qui a obtenu la remise pourront en profiter; la fortune qui doit lui rester après le paiement de ses dettes n'en sera pas augmentée. Par l'action Paulienne, on a voulu empêcher l'amoindrissement frauduleux du patrimoine; or, tout acte qui diminue les sûretés qu'avait le débiteur, menace par cela même le gage de ses créanciers.

Vel quem alium in fraudum creditorum prœponat. — Rendre meilleure la position d'un créancier en fraude des autres ; par exemple lui donner la garantie d'un gage, d'une hypothèque, le payer avant l'échéance ou quand les créanciers sont déjà envoyés en possession. Le cas de paiement avant l'échéance est prévu dans plusieurs lois de notre titre [1].

Les lois 10 § 13 et 22 parlent de la constitution de gage ; elles supposent que cette garantie a été donnée pour assurer le paiement d'une dette antérieure. Pourquoi n'en est-il pas de même quand la constitution de gage est concomitante à l'obligation principale ? Cette distinction est fort juste. Lorsque la constitution de gage s'est produite en même temps que l'obligation principale, ces deux actes forment un tout indivisible. Enlever le gage au créancier serait peut-être détruire le motif qui l'a décidé à contracter. Dans ce cas le gage ne tombe donc qu'autant que l'obligation principale est elle-même révoquée. Mais lorsque le gage est constitué séparément, l'indivisibilité que nous signalions plus haut n'existe plus ; la situation du créancier a été modifiée et améliorée après coup. On peut attaquer la constitution de gage, et le créancier n'est pas en droit de se plaindre, le gage n'était pas en effet la cause de l'obligation principale ; cette révocation ne fait que replacer le créancier dans la position primitive qu'il s'était faite [2].

[1] L. 10 § 12 et L. 17 nostr. tit.

[2] Une distinction tout à fait analogue a été introduite dans notre Code de commerce (art. 446), par la loi de 1838.

L'action Paulienne est donnée aussi bien contre les désistements que contre les contrats eux-mêmes ; elle a lieu également contre les actes qui rétabliraient le patrimoine dans son état antérieur. Ainsi, une personne, après avoir acheté un esclave, demande afin de frustrer ses créanciers la résolution de la vente en se fondant sur un vice rédhibitoire ; les créanciers peuvent attaquer cette résolution [1].

Il ne faut pas croire du reste que l'action révocatoire n'atteigne que les faits actifs de la part du débiteur ; elle fait également tomber les résultats d'une abstention, d'une omission frauduleuse. Ulpien nous le dit d'une façon fort claire : « *Gesta fraudationis causa accipere debemus, non solum ea quæ contrahens gesserit aliquis, verum etiam si forte data opera ad judicium non adfuit, vel litem mori patiatur, vel a debitore non petit ut tempore liberetur, aut usumfructum vel servitutem amittit* [2].

Si forte data opera ad judicium non adfuit. — S'il a fait en sorte de ne pas comparaître devant le juge. La procédure Romaine n'admettait pas les jugements par défaut en ce sens que le préteur ne délivrait pas de formule contre un défendeur absent [3], mais une fois la formule donnée, le procès suivait son cours, que le défendeur comparût ou non devant le juge. Notre texte suppose donc que le débiteur, contre qui on agit, fait défaut devant le juge, et cela à des-

[1] Loi 43 § 7. Dig. 21-1 de Ædil. edicto.

[2] L. 3 § 1, nostr. tit.

[3] Ce principe pouvait amener des résultats déplorables que le préteur s'efforçait de conjurer ; v : act. in rem rescisoire.

sein; il n'a pu dès lors faire valoir ses moyens de défense et condamnation a été rendue contre lui. Ses créanciers pourront invoquer l'action Paulienne, qui joue ici un rôle analogue à celui de notre tierce opposition.

Vel litem mori patiatur. S'il a laissé la péremption d'instance s'accomplir contre lui. Nous savons qu'à l'époque classique la durée du *judicium legitimum* était de dix-huit mois, et celle du *judicium imperio continens* ne dépassait pas l'expiration des pouvoirs du magistrat... Une fois ce délai passé sans jugement, la voie de l'action était fermée, ce qui pouvait causer un préjudice considérable [1]. Si le débiteur s'est ainsi endormi dans une pensée de fraude, l'action Paulienne sera ouverte [2].

Vel a debitore non petit ut tempore liberetur. — Les actions civiles étaient perpétuelles, les actions prétoriennes étaient ou perpétuelles ou annales, suivant qu'elles avaient pour but d'étendre ou de corriger le droit civil. Supposons qu'une personne ayant une action annale laisse passer le temps fixé pour agir, il en résulte pour elle et par conséquent pour ses créanciers un grave dommage; d'où naît pour eux le droit de se plaindre s'il y a fraude à leur égard [3].

[1] Subsistait-il au moins une obligation naturelle? Voir le traité des Obligations naturelles en droit Romain de M. Machelard, pag. 370 et suiv.

[2] Que décider quant à la péremption introduite par Justinien? S'applique-t-elle à l'instance seulement ou au droit lui-même? Je serais porté à croire qu'elle ne s'applique qu'à l'instance.

[3] M. Machelard pense même qu'il ne survit pas d'obligation naturelle. Op. citato. p. 446 et suiv.

L'usufruit et les servitudes s'éteignent par différents modes, mais le commencement de notre texte nous prouve que le jurisconsulte n'a eu en vue que la perte par non-usage. La durée de l'usucapion était autrefois de un ou deux ans ; elle est sous Justinien de dix à vingt ans. Les créanciers ont encore la ressource de l'action Paulienne, quand leur débiteur a, dans un sentiment de fraude, laissé la prescription s'accomplir.

Notre texte nous parle de perte d'usufruit ou de servitude, mais il ne faut voir là que des exemples ; l'action révocatoire serait certainement admise contre la perte de propriété par prescription, si le débiteur avait laissé l'usucapion s'accomplir en vue de nuire à ses créanciers. Supposons maintenant qu'un mari laisse sa femme en possession d'un de ses biens et qu'elle sache du reste que le bien appartient au mari : il faut voir là une véritable donation ; or les donations entre époux étant prohibées, l'usucapion n'a pas lieu [1].

La loi 5 de notre titre prévoit le cas où une personne abandonne son bien pour qu'un autre s'en empare ; cela ressemble beaucoup à une aliénation ordinaire ; en cas de fraude, les créanciers ont la même ressource.

Nous venons de passer en revue, suivant l'ordre que nous avait tracé Ulpien, la plupart des cas d'application de l'action Paulienne ; occupons-nous

[1] Loi 44. Dig. 44-1. De donat. inter vir. et uxor.

maintenant de ceux où cette voie de recours reste fermée.

SECOND CHAPITRE

Actes non soumis à l'action Paulienne

En tête de ce chapître, nous posons un principe que nous trouvons expressément enseigné par Ulpien : *Il n'y a pas lieu à l'action Paulienne contre les actes par lesquels le débiteur refuse de s'enrichir*[1]. Pour que l'action révocatoire s'ouvre, il faut qu'il y ait diminution frauduleuse du patrimoine, mais il peut en toute liberté refuser d'augmenter le gage de ses créanciers. La raison en est que les biens qu'il refuse d'acquérir, n'ayant jamais fait partie de son patrimoine, les créanciers n'ont jamais eu sur eux aucun droit. Les jurisconsultes répètent à l'envie cette règle.[2]

Le premier exemple, que nous donne notre titre, est le cas d'une personne qui n'accomplit pas la condition mise à une stipulation[3] ; l'obligation ne prend pas naissance par la faute du débiteur, et cependant les créanciers ne peuvent se plaindre parce qu'il n'a pas diminué son patrimoine. Cette décision n'a pas lieu de nous étonner ; les jurisconsultes Romains, en effet, disaient qu'en cas d'obligation conditionnelle, il

[1] Dig. L. 134 pr., 50-17, de Reg. juris.

[2] Dig. L. 3 § 2 et 6 pr. nost. tit. — L. 28 pr. 50-16 de verb. signif.

[3] Dig. L. 6 § 1. Nostr. tit.

n'y avait pas à vrai dire obligation, mais *spes tantum debitum iri*. Ce point de vue de la doctrine romaine a été critiqué par quelques auteurs, et à bon droit, ce me semble. Sans aucun doute l'obligation conditionnelle ne peut pas être mise sur le même pied que l'obligation pure et simple, mais s'ensuit-il qu'il n'y ait rien de fixé sur la tête du créancier? N'a-t-il pas le droit de faire les actes conservatoires ? Ne transmet-il rien à son héritier? Il a un droit véritable, conditionnel il est vrai, mais il existe néanmoins un lien qu'on ne peut méconnaître et qu'il faut respecter. Aussi la solution donnée par cette loi me semble-t-elle fâcheuse; on arrive à protéger la fraude aux dépens de créanciers malheureux et à procurer au débiteur conditionnel un avantage sur lequel il ne devait pas compter.

Le § 2 de la même loi nous donne pour second exemple la répudiation d'une succession. Nous y joindrons les cas où le débiteur refuse de profiter de la *bonorum possessio* ou d'un fidéicommis. A Rome l'héritier externe était héritier sous condition suspensive ; chez nous, il est héritier sous condition résolutoire, on a cru voir dans cette différence la raison de la divergence des deux législations en matière d'action Paulienne. Cette considération ingénieuse n'est cependant pas suffisante ; l'héritier sien en effet n'est-il pas en droit romain un véritable héritier sous condition résolutoire? Bien plus, nous voyons au § 4 de la même loi que la répudiation d'un legs ne peut être atteinte par l'action Paulienne. Les Sabiniens et les Proculiens avaient été longtemps en dissidence sur le point de savoir à quelle époque l'acquisition avait lieu profit du légataire ; l'opinion des Sabiniens, quoi qu'en dise Gaïus, finit par triompher, et il fut décidé que l'acquisition avait lieu au moment de l'adition, sauf pour le légataire le droit de répudier [1]. Le légataire se trouve dans la même situation que notre héritier, et cependant, en droit romain, l'action Paulienne ne s'appliquait pas à sa renonciation. Le motif n'est donc pas suffisant.

Par application du même principe, il n'y a pas lieu à l'action Paulienne quand on émancipe son fils, ou vend sans fraude son esclave afin qu'ils fassent adition sans que les créanciers profitent de la succession [2].

Dans la loi 20, Callistrate suppose qu'un insolvable a été chargé par *fideicommis* de restituer une succession ; au lieu de retenir le quart, que lui attribue le sénatus consulte Pégasien, il restitue toute l'hérédité au fidéi-commissaire. Les créanciers pourront-ils attaquer cette restitution ? Le jurisconsulte leur refuse ce droit. On ne peut voir une fraude aux créanciers, dit-il, dans la conduite du débiteur ; le fiduciaire n'a fait qu'obéir à un pieux devoir de conscience en exécutant complétement la volonté du défunt.

Nous trouvons deux cas analogues dans une loi de Valens [3]. Un débiteur, malgré l'intention frauduleuse, peut, sans que ses créanciers puissent se plaindre, faire, sur la demande du fidéi-commissaire, adition

1 Gaïus. C. II § 200. — Dig. L. 80, de leg. 2e et 15 de reb. dubiis, v. M. Demangeat. Cours élémentaire, p. 724 et 725. T. 1.

2 Loi 6 § 3 et 5, nostr. tit.

3 Dig. L. 67 § 1 et 2, 36-1. Ad Senat. C.-Trebell.

d'une hérédité à laquelle il a renoncé, et la restituer. Le fidéi-commissaire ne fait rien d'injuste et les créanciers n'avaient aucun moyen de forcer leur débiteur à faire adition.

Le jurisconsulte suppose dans ce texte que le fiduciaire a fait adition sur la demande du fidéi-commissaire; en pareille hypothèse, il n'avait aucun droit à la quarte. Supposons que la succession soit bonne en réalité, et que le débiteur y ait renoncé en connaissance de cause, ses créanciers n'ont aucune ressource.

Le second cas est plus compliqué. Un fils devient héritier sien de son père avec charge de restituer ; dans le dessein de nuire à ses créanciers, il traite la succession comme mauvaise et s'abstient; le fidéicommissaire le force par décret à lui remettre cette succession. Le bénéfice d'abstention mettait l'héritier sien sur le même pied que l'héritier externe; dès lors le fils, ayant fait adition en vertu d'un décret du magistrat, ne doit rien garder de cette succession. Les créanciers peuvent-ils se plaindre? Le jurisconsulte répond que non, et voici la raison qu'il en donne : A la vente des biens du père ces créanciers ne trouveraient rien qui leur fût propre. Et, en effet, leur débiteur, en vertu du bénéfice d'abstention, est resté étranger à la succession de son père. L'adition contrainte, qu'il a faite, a eu pourbut de faire passer ces biens, non dans son patrimoine, mais dans celui du fidéicommissaire.

Valens ajoute un tempérament, que du reste il ne semble pas admettre : « A moins, dit-il, qu'on ne permette aux créanciers du fils, une fois ceux du père désintéressé, de faire vendre les biens héréditaires revenant à leur débiteur, c'est-à-dire la quarte. » N'y a-il pas contradition entre ce tempérament et la règle générale que nous avons vue écrit plus haut dans la loi 20 de notre titre ? Les situations ne sont pas identiques et le tempérament que nous venons de voir peut se justifier au nom des principes du pur droit civil. Il y avait en effet une grande différence entre l'héritier sien et l'héritier externe ; ce dernier n'acquérait la succession que par l'adition, l'autre en était saisi immédiatement, les jurisconsultes romains le déclaraient même co-propriétaire du vivant du *de cujus*. Or l'action révocatoire étant donnée contre les actes par lesquels le débiteur diminue son patrimoine, on comprend que cette opinion ait été soutenue.

Après avoir supposé le cas où le débiteur renonce à une succession, supposons maintenant qu'il accepte. La succession est insolvable, et le débiteur a agi en fraude, accorderons nous l'action Paulienne ? Il semble bien qu'il devrait en être ainsi, car accepter une succession mauvaise, c'est augmenter son passif, diminuer son patrimoine. Et cependant les jurisconsultes romains donnaient la décision contraire : « *Nullum est remedium proditum*[1]. » Comment peut-on justifier cette doctrine ? On peut dire que dans cette hypothèse le débat n'est pas le même que dans les cas ordinaires de l'action Paulienne ; il s'élève entre deux masses de créanciers, ceux du *de cujus*, et ceux de

[1] Dig. L. 1. §. 5, 42-6. De separationibus.

l'héritier; l'action révocatoire aurait pour effet d'établir la séparation des patrimoines ; or, il est de principe qu'elle ne peut être demandée par les créanciers de l'héritier [1].

CHAPITRE TROISIÈME

Conditions d'application de l'action Paulienne

La condition essentielle est la *fraude* ; mais c'est là une condition composée qui comprend le *consilium fraudis* et l'*eventus damni*. Parlons d'abord du *consilium fraudis*.

Faut-il que le débiteur ait eu pour mobile unique la volonté de nuire à ses créanciers, ou suffit-il qu'il ait su leur causer préjudice ? La question est résolue en ce dernier sens par Julien [2].

Si le tuteur d'un mineur, le curateur d'un insensé agissent en fraude des créanciers de la personne confiée à leurs soins, et à son insu, les créanciers peuvent ils intenter l'action Paulienne ? Ulpien tranche la question dans le sens de l'affirmative [3] et avec toute raison ; l'action, en effet, sera dirigée contre le tiers qui n'aura de recours efficace que contre le tuteur ou

[1] Cette doctrine me paraît fâcheuse. Il est parfaitement juste de faire supporter aux créanciers la maladresse, l'incapacité de leur débiteur, mais peut-on leur reprocher de n'avoir pas su prévoir la fraude ? En suivant cette doctrine jusqu'au bout on arriverait à supprimer tout à fait l'action paulienne.

[2] Loi 17 § 1, nostr. tit.

[3] Dig. L. 8, 26-1, de tutelis.

curateur, mais le pupille devra rendre en pareil cas ce dont il s'est enrichi [1].

Il est évident qu'il ne peut y avoir fraude quand les créanciers ont donné leur consentement à l'acte [2].

Suffit-il qu'il y ait fraude chez le débiteur, ou doit-elle exister aussi chez le tiers ? Règle générale, le tiers doit être complice. Les premiers mots de l'Édit en faisaient une condition essentielle d'exercice : *Cum eo qui fraudem non ignoraverit* [3] ; elle est encore répétée un peu peu plus bas : *sciente te* [4], et Ulpien le dit en termes formels dans la loi 6 § 8.

Le tiers doit être complice, mais que faut-il entendre par là ? Suffit-il que le tiers sache traiter avec une personne qui a des créanciers? Non ; il est complice, lorsqu'il sait que l'acte doit nuire aux créanciers de l'autre partie [5]. Il suffit que le tiers sache être en faute à l'égard d'un seul créancier pour donner ouverture à l'action Paulienne; mais si ce créancier est désintéressé, le tiers n'a plus rien à craindre ; cependant il ne pourrait repousser l'action dirigée contre lui en offrant de satisfaire les créanciers qu'il a connus. Il y a également lieu d'appliquer l'action Paulienne contre le tiers qui, sans s'arrêter aux significations des créanciers qui le préviennent que l'acte va leur nuire, contracte avec leur débiteur [6].

1 Voir une décision analogue dans la loi 10, § 5, nostr. tit.
2 L. 6 § 9, nostr. tit.
3 L. 1 pr., nostr. tit.
4 L. 10 pr., nostr. tit.
5 L. 10 § 2, nostr. tit.
6 L. 10 § 3, 7 et 8, nostr. tit.

En principe, le tiers doit être complice ; le préteur disait cependant dans son édit : *Interdum, causâ cognita, etsi scientia non sit, in factum actionem permittam.* Le magistrat se réservait donc le droit d'accorder, après examen, le droit d'agir, malgré l'absence de la fraude [1]. Les principes se précisent peu à peu, et on finit par distinguer les tiers, *qui certant de damno vitando*, de ceux *qui certant de lucro captando*. Nous trouvons cette distinction formellement écrite au Code dans un rescrit de Dioclétien : « Il est de droit reconnu que, lorsqu'une personne a été condamnée, qu'elle n'exécute pas la sentence dans le temps prescrit, que personne ne prend sa défense, ses créanciers après s'être fait envoyer en possession, et avoir vendu les biens en détail, peuvent, s'ils ne sont pas satisfaits, agir tant contre les acquéreurs à titre onéreux coupables de fraude, que contre les acquéreurs à titre gratuit, sans que pour ces derniers on ait à prouver leur complicité [2]. »

Nous trouvons la même doctrine enseignée par Ulpien dans la loi 6, § 11. La raison de cette distinction est toute d'équité : Le donataire ne souffre pas de perte, on ne fait que lui enlever un gain, *lucrum extorquetur, non damnum infligitur* ; les créanciers au contraire supportent un grand préjudice. Il n'est pas indifférent du reste de savoir si on se trouve en présence d'un donataire de bonne ou de mauvaise foi : s'il est de bonne foi, il ne devra rendre que ce dont

[1] L. 10 pr. in fine n. tit.

[2] L. 5, au Code 7-75. De revocandis his quæ in fraud.

il se trouve plus riche. Lorsque les créanciers se trouvent en présence d'un acquéreur à titre onéreux, la situation n'est plus la même, chacun lutte pour éviter une perte ; si donc le tiers est de bonne foi, on observe la règle : *In pari re melior est causa possidentis*

L'application de ces principes à la constitution de dot a donné lieu à la loi 25 § 1 : « Si un gendre, complice de la fraude de son beau-père, reçoit une dot, il est soumis à l'action Paulienne ; s'il la restitue aux créanciers, et que le divorce survienne, il n'est pas tenu de la rendre même à la fille émancipée, dit Labéon, parce que l'action de la femme est une action en restitution, non une action pénale ; en conséquence, s'il a restitué, il faut l'absoudre.

Pourquoi supposer la femme émancipée ? Si la femme était encore en puissance, c'est à son père que la restitution devrait se faire, or le père étant fraudator, il est par trop évident dans ce cas que l'auteur de la fraude ne peut en profiter. La question pouvait présenter difficulté seulement au cas où la restitution peut être réclamée par la femme de bonne foi. Même dans cette hypothèse, Labéon décide que la restitution faite par le mari aux créanciers le dispense de rendre la dot à la femme, il donne pour raison que l'action en reprise est *rei persecutoria et non pœnalis*.

Mais si, avant d'être poursuivi par les créanciers, il a rendu la dot à la femme sur l'action en reprise, Labéon décide qu'il n'en reste pas moins tenu à l'égard des créanciers, sans aucun recours contre la femme ; s'il l'a rendue sans procès aura-t-il action en répétition ? La fraude du mari a fait naître au profit des créanciers du dotateur l'action Paulienne, qui subsiste lors même qu'il n'a plus les valeurs dans les mains, parce que cette action est pénale par rapport à lui. Si la restitution a lieu en vertu d'une condamnation et que les créanciers du dotateur le poursuivent ensuite, le mari n'a aucun recours contre la femme ; on ne peut répéter ce qu'on a payé en vertu d'une condamnation, fut-elle injuste ou même imaginaire ; mais supposons que le mari ait restitué à la femme sans jugement, à l'amiable ? Le jurisconsulte pose la question sans la résoudre, on peut donc discuter sur ce point. Pour moi, malgré l'avis d'auteurs considérables, je serais porté à admettre l'opinion d'Irnérius, et à donner dans cette hypothèse la solution précédente. Je ne crois pas qu'on puisse entendre les mots *videndum an*, autrement que d'une forme interrogatoire, il n'est pas aisé d'y voir une affirmation. A quel titre le mari réclamerait-il ? A-t-il payé ce qu'il ne devait pas ? En aucune façon, ce qui le prouve bien du reste, c'est que la femme aurait pu le contraindre en justice à restituer la dot. Si la femme a reçu ce qui lui était dû, et que le paiement n'ait pas été fait par anticipation, il me semble qu'elle ne doit être exposée à aucun recours : *Jus civile vigilantibus scriptum est*. Quant au mari, il peut en résulter pour lui un grand dommage, mais il se l'est attiré par sa fraude et devait s'y attendre, car il en est certainement ainsi en cas de condamnation. Enfin on peut nous faire cette objection : pourquoi le jurisconsulte aurait-il indiqué séparément les deux espèces, si elles devaient recevoir la même solution? Cette objection n'est pas sérieuse, car, outre que cela se rencontre souvent, nous pouvons répondre que la solution s'appuyant sur des motifs différents, il était naturel de parler séparément des deux hypo thèses.

Le mari est traité, ainsi que nous venons de le voir, comme un acquéreur à titre onéreux, et en effet, pour donner contre lui l'action Paulienne, on exige qu'il ait pris part à la fraude. Quelle en est la raison ? Elle est écrite dans la suite de notre texte : *Quum is indotatam uxorem ducturus non fuerit.* On ne peut en effet assimiler la dot à une donation ordinaire. Le mariage entraîne des charges qui peuvent être considérables, et les époux n'auraient peut-être pas voulu s'y soumettre sans la garantie de la dot.

Examinons maintenant la question par rapport à la fille : « Si le mari est de bonne foi, la femme de mauvaise, elle sera tenue. Si tous les deux sont de mauvaise, tous deux seront tenus. » Jusque-là, pas de difficulté ; en cas de complicité, en effet, l'action révocatoire est donnée contre tous les contrats, qu'ils soient à titre onéreux ou à titre gratuit.

Si tous deux sont de bonne foi, certains jurisconsultes pensent que la fille est néanmoins soumise à l'action parce que c'est une véritable donataire ; ou tout au moins elle doit donner caution aux créanciers de son père, de leur rendre ce qu'elle obtiendra du mari à raison de sa dot. Quant au mari de bonne foi, il n'a pas plus à craindre l'action, que le créancier qui reçoit du *fraudator* ce qui lui est dû, car il n'aurait pas épousé une femme sans dot. »

Voilà donc une grande différence entre le mari et la femme. Le mari est traité comme créancier, comme acquéreur à titre onéreux, la femme comme donataire. Cette opinion est-elle celle de Venuleius? Il est, je crois, permis d'en douter. Les termes qu'il emploie n'ont rien d'affirmatif : *Quidam existimant*; il faut avouer que les jurisconsultes romains n'emploient pas d'ordinaire des termes aussi vagues lorsqu'ils indiquent l'opinion à laquelle ils se rangent ; notre titre nous en fournit plusieurs fois la preuve. Les lois Julia et Papia Pappæa forcèrent les pères et aïeuls à doter leurs filles et petites-filles, cette obligation fut même étendue dans certains cas à la mère [1]. Dès lors il eût été naturel de voir dans la constitution de dot e paiement d'une dette et non une libéralité pure et simple. Je ne crois donc pas qu'il faille prendre ce texte comme l'expression de la doctrine romaine en cette matière [2], la suite de ce fragment va du reste nous fournir des arguments nouveaux.

Le § 2 de notre loi s'occupe de la constitution de dot par un étranger : « Si la dot est constituée par une personne étrangère en fraude de ses créanciers, action sera donnée en cas de complicité contre le mari, la femme et le père de la femme, ces derniers devront donner caution de rendre aux créanciers ce qui leur reviendra du mari à raison de la dot. »

[1] Dig. L. 19, de Ritu nuptiarum. Code L. 14 de jure dotium.

V. M. Demangeat, op. citato. T. 2, p. 520.

Ce texte est fort embarrassant pour les auteurs qui ne partagent pas notre opinion sur la question précédente. Et, en effet, le jurisconsulte exige dans notre espèce que la femme soit de mauvaise foi pour autoriser l'action Paulienne. Le mot *æque* le prouve, ainsi que la suite du texte; pour donner l'action Paulienne contre le père, on exige sa complicité, pourquoi se montrerait-on plus sévère à l'égard de la fille? Au cas de constitution de dot par une personne étrangère, la complicité de la femme est donc une condition essentielle pour que l'action révocatoire soit intentée contre elle, nous en tirerons un argument et même un argument *a fortiori* très-puissant pour le cas où la dot est constituée par le *pater familias*. Ce texte est fort gênant dans l'autre système; aussi nos adversaires ce sont-ils attachés à prouver que le père n'acquiert pas la dot à titre gratuit. En effet, dit-on, il est obligé de la rendre à la fille en cas de second mariage. Cette réponse n'est pas très-satisfaisante, car le père ne devra pas la restituer à la fille, si, avant le second mariage, il l'a rendue aux créanciers sur l'action Paulienne. Le père acquiert donc la dot sans bourse délier, il n'est pas dans la situation d'un créancier *qui certat de damno vitando*, et si on exige sa complicité, c'est que la constitution de dot a reçu des règles spéciales. Pourquoi ne pas traiter la fille avec la même faveur? Il est donc plus juste, je crois, de décider que Venuleius dans le § Ier rappelle l'opinion de certains auteurs, sans l'adopter, il est même probable que cette opinion fut rejetée par la doctrine, car, dans notre § II le jurisconsulte se prononce sans aucune hésitation, sans aucune distinction, il semble poser un principe incontesté et nous avons essayé de prouver qu'il y a contradiction à admettre en même temps la solution du § II et celle donnée par certains auteurs sur le § 1er.

Par quelles raisons peut-on justifier cette doctrine? On peut dire que la femme n'est pas une véritable donataire, aucun contrat n'est intervenu entre elle et le constituant. Le mari a été rendu propriétaire de la dot; si la femme a une action en recouvrement, cette action ne découle pas nécessairement de la constitution de dot, c'est la loi qui la lui a accordée dans un but d'intérêt public, afin d'assurer à la femme les moyens de se remarier. On peut ajouter que, si la femme ne supporte pas directement les charges du ménage, elle peut être subsidiairement tenue de fournir des aliments aux enfants à défaut de la famille du mari. On comprend que, pour ces raisons, la constitution de dot ait été rangée parmi les actes à titre onéreux même à l'égard de la femme.

Supposons maintenant que le *fraudator* traite avec une personne agissant pour autrui.

Si le *fraudator* traite avec un tuteur, que le tuteur soit complice et que le pupille soit dans l'ignorance, faut-il autoriser les créanciers à agir? Ulpien décide que le pupille doit être tenu jusqu'à concurrence de l'enrichissement produit [1].

Un procureur, à l'insu du mandant, ordonne à un esclave de recevoir d'une personne, qui fraude ses créanciers. Vénuleius déclare que le procureur est

[1] L. 10 § 5, h. tit.

soumis à l'action et non le maître [1]. Que le procureur soit soumis à l'action, rien n'est plus juste, puisqu'il est complice de la fraude. Quant au maître, le jurisconsulte semble le mettre tout à fait en dehors, *non dominus tenebitur*. Je ne crois pas qu'il faille donner à ce texte la portée absolue qu'il semble avoir; nous venons de voir le pupille tenu en pareille hypothèse jusqu'à concurrence de son émolument; il n'y a pas de raison pour mieux traiter le maître. S'il s'agit par exemple d'une donation, il semble, d'après ce texte, que le *dominus* ne peut pas être poursuivi ; mais cette solution n'est pas admissible puisque l'action Paulienne est donnée même contre le donataire de bonne foi.

Le *fraudator* a traité avec un esclave, et la fraude connue de l'esclave est ignorée de son maître. Ulpien rapporte sur ce point l'opinion de Labéon. Si l'esclave n'a pas de pécule, le maître sera tenu jusqu'à concurrence du profit qu'il a retiré de l'acte. Si l'esclave a un pécule, le maître sera tenu *de peculio et de in rem verso*. Si le maître était de complicité, il serait poursuivi directement, comme s'il avait traité lui-même [2].

Le § 10 de la loi 6 paraît faire exception à ce principe que les tiers non donataires ne sont soumis à l'action Paulienne qu'en cas de complicité. Ulpien s'exprime ainsi : « Si un débiteur fait, en fraude de ses créanciers, un acte avec un pupille, Labéon décide qu'il y a dans tous les cas lieu à révocation si les créan-

[1] L. 25 § 3, nostr. tit.
[2] L. 6 § 12, nostr. tit.

ciers sont frustrés, parce que l'ignorance du pupille, ignorance qui tient à son âge, ne doit pas être à la fois une source de gain pour lui et de ruine pour les créanciers. Et tel est le droit que nous suivons. »

Pothier enseigne qu'il n'est question dans ce texte que d'actes à titre gratuit, il s'appuie sur le mot *lucrosa* : « *Hinc apparet*, dit-il, *hic agi de casu, quo ex causa lucrosa pupillus comparavit. Et ita intellexit Azo* [1]. » Mais cette interprétation est généralement repoussée. Notre texte en effet eût été parfaitement inutile, s'il avait entendu prévoir cette hypothèse, puisqu'en matière de donation la *scientia* n'est pas exigée de la part du tiers. De plus le jurisconsulte ne s'occupe des actes à titre gratuit qu'à partir du § 11. Le mot *lucrosa* s'explique du reste parfaitement sans qu'il soit besoin de supposer une donation. On objectera peut-être que cette action en nullité est inutile, que, le pupille ne pouvant rendre sa position pire, les actes à titre onéreux sont nuls. Cette objection ne serait pas fondée ; nous savons en effet que la nullité des actes à titre onéreux émanés du pupille sans autorisation ne peut être invoquée que de sa part ; l'action Paulienne sera donc fort utile. Notons que le jurisconsulte ne s'occupe pas d'une ignorance ordinaire, de celle dans laquelle tout le monde peut se trouver, mais de l'ignorance tenant à la jeunesse du pupille. Un homme mûr aurait bien compris qu'en prenant part à tel contrat, il se rendait complice de la fraude, l'inexpérience du pupille l'a empêché de s'en rendre compte. Mais,

[1] Pandect. XIX, hoc titulo, en note.

tout en protégeant le mineur, on ne veut pas laisser ainsi les créanciers à la merci d'un débiteur malhonnête, on ne veut pas du même coup les ruiner et enrichir le pupille : on leur permet donc de poursuivre le mineur jusqu'à concurrence de son émolument [1].

Supposons maintenant que le bien aliéné en fraude se trouve dans les mains d'un sous-acquéreur. Le sous-acquéreur est-il de bonne foi (et non donataire), il n'a pas à craindre l'action ; est-il au contraire de mauvaise foi, il y est soumis. Le dol, disait Sabinus, ne doit nuire qu'à celui qui l'a commis ; mais celui qui a acheté de mauvaise foi et revendu à une personne de bonne foi, doit rendre tout le prix qu'il a reçu. Il y a là une inexactitude ; l'acheteur de mauvaise foi qui a revendu à un sous-acquéreur de bonne foi, doit rendre *la valeur véritable de la chose ou le prix reçu s'il est supérieur à cette valeur*. Ainsi quand l'acheteur primitif est complice, le sous-acquéreur ne peut être poursuivi que s'il est lui-même de mauvaise foi.

Que décider en supposant le premier acheteur de bonne foi et le sous-acquéreur de mauvaise ? Donnerons-nous l'action Paulienne contre ce sous-acquéreur ? Des auteurs considérables l'admettent. On invoque en faveur de ce système un texte de Venuleius précité. En matière de constitution de dot, la femme complice est soumise à cette action, son mari fût-il de bonne foi ; or la femme est une sorte d'acquéreur en seconde main. Je serais plutôt porté à admettre

[1] Doneau 23. Cap. 18. N. 11. — Voët hoc tit. n° 8.

l'opinion contraire. L'action Paulienne ne peut naître que si toutes les conditions de fraude, complicité, préjudice, sont *concomitantes* à l'acte qu'il s'agit de faire tomber. De même que l'usucapion ne peut s'accomplir que si certaines conditions se sont trouvées réalisées à l'*initium possessionis*, de même il ne peut être question d'action Paulienne que si les conditions prescrites par la loi se sont trouvées réunies au moment de l'acte qu'on veut anéantir. A l'instant de la première vente toutes les conditions existaient-elles? Non, la complicité de l'acheteur faisait défaut, dès lors l'action ne peut naître. Quand le premier acheteur est de mauvaise foi au contraire, on ne peut plus raisonner de même ; l'action Paulienne a pris naissance dès la première vente, le bien n'est donc pas tout à fait sorti du patrimoine du débiteur. Si le bien passe dans les mains d'un sous-acquéreur de bonne foi, certains auteurs admettaient même contre lui l'action révocatoire. Sabinus repousse cette opinion ; s'il est de mauvaise foi, l'action Paulienne s'exerce contre lui. Mais notons bien la différence; quand le premier acheteur est de mauvaise foi, l'action est née, la seule question qui se présente est une question d'exercice ; quand il est de bonne foi, c'est une question d'existence. Je suis donc porté à croire que l'action Paulienne n'aura jamais lieu, quand le premier acheteur aura été de bonne foi.

On nous objecte, il est vrai, le cas de constitution de dot ; je ne crois pas que l'objection soit suffisante. La femme ne peut être comparée à un sous-acquéreur; le sous-acquéreur tient la chose de l'acquéreur primitif, la femme tient-elle sa dot de son mari? Nullement, elle la tient du constituant, qui a mis dans son patrimoine l'action en reprise. La femme est créancière, créancière à terme, il est vrai, mais elle tient son droit du jour même de la constitution de dot, et de la main du dotateur. Il y a deux contrats, l'un entre le constituant et le mari, l'autre, imposé par la loi, entre le constituant et la femme. On voit qu'il y a loin de cette espèce à celle de la revente.

Eventus damni. — Préjudice

Il faut que l'acte ait été dommageable pour les créanciers, qu'il ait causé ou augmenté l'insolvabilité de leur débiteur. Il n'est pas préjudiciable aux créanciers, si la fortune restante suffit à les désintéresser. L'action Paulienne ne peut donc être intentée qu'après la vente des biens [1].

Les textes nous présentent quant au paiement trois règles, que nous allons examiner :

Première règle : *Le paiement fait à l'échéance avant l'envoi en possession n'est pas sujet à rescision pour cause de fraude.*—Peu importe que le créancier ait connu ou non l'insolvabilité de son débiteur, il a reçu ce qui lui était dû, on ne peut voir là un acte punissable. C'est ce que dit Ulpien dans un style laconique et fort juste : *Nihil dolo creditor facit, qui suum recipit* [2]. Voici un autre texte du même jurisconsulte : « Nous

[1] L. 10 § 1, nost. tit.
[2] Dig. L. 129 — 50-17. De Regulis juris.

trouvons écrit dans les ouvrages de Labéon, que, celui qui reçoit le sien, c'est-à-dire qui reçoit le paiement de ce qui lui est dû, ne commet pas de fraude. En effet, celui que le président en cas de refus contraindrait à payer, doit payer sans danger, autrement il y aurait injustice. L'édit a trait aux contrats où le préteur n'intervient pas : par exemple le gage, la vente [1]. »

Il est probable qu'Ulpien avait en vue dans ce passage non le paiement fait par le *fraudator*, mais celui fait au *fraudator* lui-même. Que dit-il en effet ? Il y aurait injustice à laisser poursuivre celui qui pouvait être contraint en justice au paiement. Il s'agit donc d'une personne qui paie à l'échéance sa dette au *fraudator ;* le jurisconsulte déclare qu'elle sera à l'abri de l'action Paulienne, eut-elle connu l'insolvabilité de son créancier, alors même que somme payée aurait été dissipée aussitôt après.

Notre règle est posée au § 7 de la même loi : « Voici ce que Julien a écrit, et tel est le droit que nous suivons : celui qui reçoit ce qui lui est dû avant l'envoi en possession des biens du débiteur, bien qu'il sache parfaitement avoir affaire à un insolvable, celui-là n'a rien à craindre de l'édit. En effet, il a veillé à ses intérêts. »

Scævola dans la loi 24 applique la même doctrine; le jurisconsulte suppose d'abord qu'un pupille devienne héritier de son père et paie un créancier, puis il s'abstient de l'hérédité [2], et les biens du père sont

1 L. 6 § 6, nostr. tit.
2 Au moyen d'une restitutio in integrum.

vendus ; y a-t-il lieu de révoquer le paiement? Faut-il réduire le créancier payé à ne recevoir qu'un dividende, afin de ne pas améliorer sa position aux dépens des autres? Faut-il distinguer et dire : Si ce paiement a été fait par faveur, afin d'avantager ce créancier aux dépens des autres, il faut rapporter ce qui excède la part contributoire ; le créancier au contraire a-t–il exigé ce qui lui était dû, *jus civile vigilantibus scriptum est*. Les autres créanciers doivent s'en prendre à eux-mêmes, à leur propre négligence ils n'ont aucun recours à exercer, ils sont dans une situation analogue à celle des créanciers qui, au lieu de se faire payer à l'échéance, attendraient que la maladie, le vol vinssent diminuer la fortune de leur débiteur.

Scævola continue : Que décider aussi si je reçois le paiement d'un débiteur insolvable (mais avant l'envoi en possession) ? Y a-t-il lieu à l'action Paulienne ? Faut-il distinguer suivant qu'il m'a offert le paiement ou que je l'y ai contraint, admettre la révocation dans le second cas, la rejeter pour le premier. Le jurisconsulte repousse toutes ces distinctions. Dans tous les cas j'ai agi suivant mon droit, j'ai rendu ma condition meilleure : *Jus civile...* Il n'y a donc pas lieu à revocation.

Deuxième règle : *Le paiement fait avant l'échéance, en fraude, est révocable comme une donation dans les limites de l'interusurium.* — Le débiteur a une dette à terme et d'autres créanciers, il paie avant l'échéance la première dette, sachant parfaitement qu'il est insolvable ; le créancier payé avant terme est traité comme un donataire dans les limites de l'*inter usurium*, on n'exige pas sa complicité.

Ulpien L. 10 § 12 : « Si un débiteur insolvable me paie immédiatement ce qu'il ne me doit qu'à terme, action sera donnée contre moi pour l'avantage que j'ai retiré de ce paiement anticipé ; car le préteur comprend qu'il peut y avoir fraude, eu égard au temps »

Julien supposant la restitution d'une dot avant l'échéance donne la même décision en termes à peu près identiques [1]. Pour comprendre ce texte, il faut se rappeler que le mari a des délais légaux pour la restitution de la dot. A l'époque classique les corps certains devaient être rendus sur le champ ; pour les quantités, le mari devait les rendre en trois ans, par tiers chaque année. Justinien a fait une distinction beaucoup moins logique: pas de délai pour les immeubles, pour les meubles terme d'un an.

Il va sans dire du reste que le créancier ainsi payé est plus ou moins bien traité suivant qu'il a été de bonne ou de mauvaise foi, à l'exemple du donataire.

Papinien indique une exception à cette règle : Une femme en mourant lègue sa fortune à son mari avec charge de la rendre à sa mort à son fils. Le mari la rend immédiatement à son fils émancipé et ne retient pas la quarte, le jurisconsulte refuse toute action aux créanciers, parce qu'en agissant ainsi, le père n'a fait qu'obéir à sa conscience, à un devoir de pieux respect [2].

[1] L. 17 § 2, nostr. tit.
[2] L. 19, nostr. tit.

Il semble pourtant que l'action Paulienne eut dû être admise dans cette hypothèse pour deux raisons : 1° Le père n'a pas gardé la quarte ; 2° Il a restitué l'hérédité avant le terme fixé, il y a donc *repræsentatio*, paiement anticipé.

Qu'il ne retienne pas la quarte, c'est son droit ; en agissant ainsi il ne diminue pas son patrimoine, il refuse de l'augmenter. Mais comment repousser le second motif ? Pour les créanciers antérieurs à l'adition on dira qu'ils n'y avaient pas de droit, car le père pouvait parfaitement ne pas accepter la succession. Cette réponse ne me satisfait pas, le père avait certes le droit de ne pas faire adition, mais il n'a pas usé de cette faculté, il a accepté la succession ; les créanciers avaient dès lors un droit de gage. On peut dire que le père, en agissant ainsi, n'a fait que se conformer à la volonté de la testatrice, et telle semble bien être la pensée du jurisconsulte : *plenam fidem ac debitam pietatem secutus exhibitionis*. La mère a voulu que sa succession fût rendue à son fils devenu *sui juris* ; elle n'a prévu que la mort du père, comme le cas le plus fréquent d'émancipation, mais une fois le fils devenu *sui juris*, c'est se conformer à la volonté de la mère que rendre immédiatement l'hérédité.

3e Règle. — *Le paiement d'une dette même échue, fait après l'envoi en possession, est nul en tant qu'il excède le dividende revenant à chaque créancier*. Ce principe est posé d'une façon très-claire par Ulpien : « Le créancier qui reçoit son paiement après l'envoi en possession doit être réduit au dividende auquel il a droit et mis sur le même pied que les autres créanciers ; il ne faut pas en effet se faire attribuer d'avantage aux dépens des autres créanciers après l'envoi en possession ; car, dès cette époque, la condition de tous est la même [1]. »

Nous avons déjà remarqué l'analogie qui existe entre l'envoi en possession et notre jugement déclaratif de faillite. Après l'envoi en possession, il ne s'agit plus de l'action Paulienne, la règle est plus absolue. Elle est répétée par le même jurisconsulte [2]. Mon débiteur s'enfuit emportant son argent, je parviens à l'atteindre et à lui enlever ce qu'il me doit, dois-je rapporter ? Julien, dont l'opinion est acceptée par Ulpien, distingue suivant qu'il y avait ou non envoi en possession. Comment faut-il entendre ce texte ? Supposerons-nous que j'emploie une violence matérielle pour me faire payer ? Non, car dans ce cas je serais privé du bénéfice entier de ma créance. Il faut, je crois, supposer que je menace mon débiteur de le poursuivre en justice et qu'il me paie afin de pouvoir échapper à ses autres créanciers.

Nous avons vu que le paiement fait à l'échéance ne pouvait pas être attaqué s'il était antérieur à l'envoi en possession. Rapprochons un texte de Paul [3]. Un mineur devenu héritier de son père paie un créancier, puis il s'abstient de la succession et les biens sont vendus. Le paiement est il sujet à rapport ? Le jurisconsulte déclare que la question doit être résolue d'après les circonstances car le créancier payé ne doit

[1] L. 6 § 7, in fine.
[2] L. 10 § 16, nostr. tit.
[3] L. 6 § 2. — 42-5. Dig. de rebus auctoritate.

pas souffrir de la négligence ou de la cupidité tardive des autres. Mais si, deux créanciers poursuivant en même temps leur paiement, le tuteur a désintéressé l'un d'eux par faveur, il est juste que l'autre soit aussi payé ou partage ce que le premier a reçu. Tel était l'avis de Julien en supposant que le paiement a été fait des deniers de la succession ; *quid* s'il a été fait des deniers du mineur? faut-il lui rendre ce qu'il a versé et sur qui pèsera cette obligation? Sur la succession, s'il y a de quoi, répond Scævola, à l'exemple de la gestion d'affaires, sinon sur le créancier comme au cas de répétition de l'indû.

Ainsi voilà un paiement fait avant l'envoi en possession et qui n'est pas à l'abri de la révocation. Ne faut-il pas voir là une exception aux principes que nous avons exposés? Non, et d'abord remarquons bien qu'on ne s'inquiète nullement des conditions essentielles à l'action Paulienne, il n'est pas question de complicité. Ce texte peut parfaitement s'expliquer par la simultanéité des poursuites, jointe aux circonstances de fait. Nous nous trouvons dans une situation exceptionnelle, en présence d'un héritier qui commence par gérer et qui obtient ensuite le bénéfice d'abstention. C'est là une grave dérogation faite aux principes. Or il est juste de protéger le mineur, mais est ce une raison pour, en le dégageant des suites d'une acceptation irréfléchie, maintenir tous les actes qu'il a pu faire? Non, on en fera des distinctions, on maintiendra les actes dictés par la bonne foi et on révoquera les autres. Il n'y a pas là d'injustice, comme le jurisconsulte le fait remarquer. Le fondement de cette doctrine et de ces distinctions repose tout entier sur le premier alinéa de notre loi : *Si pupillus antequam abstineret aliquid gesserit, servandum est utique si bona fide gessit.*

Paul, dans la loi 13 de notre titre, nous dit : « Il est certain que le créancier qui tient un gage n'est pas soumis à notre action ; il possède en effet en vertu de son droit propre, à titre de gage, non pas à titre conservatoire. » Ce langage n'est certes pas très-clair, voici l'idée. Le jurisconsulte distingue le *pignus conventionale* et le *pignus prætorium*. Le premier résulte d'un contrat, le second est le gage qu'obtiennent les créanciers par l'envoi en possession. Le créancier qui a un *pignus conventionale* n'a rien à craindre de l'action en ce sens qu'il pourra exiger son paiement intégral, tandis que le créancier qui n'a que le *pignus prætorium* ne peut obtenir que le dividende proportionnel à sa créance. Si on le désintéresse complètement, les autres créanciers peuvent le forcer à rapporter.

QUATRIÈME CHAPITRE

Quelle est la nature de l'action Paulienne ?

« *Omnium actionum, quibus inter aliquos apud judices arbitrosve de quacumque re agitur. Summa divisio in duo genera deducitur : aut enim in rem sunt, aut in personam*[1]. » Pour savoir si une action est réelle ou personnelle, il faut se placer au moment de la *litis contestatio* et se demander quel est le droit qu'on veut faire reconnaître[2].

Quelle est la nature de l'action Paulienne, est-ce une action personnelle, est-ce une action réelle ? L'intérêt de la question est grand. Si l'action est réelle le demandeur n'a pas à craindre le concours des créanciers du défendeur, il n'entre pas en lutte avec eux; si l'action est personnelle au contraire, comme il n'invoque qu'un droit d'obligation, il est sur le même pied que les autres créanciers, et ne peut réclamer qu'un dividende proportionel en cas d'insolvabilité du tiers.

Revenons maintenant à notre question ; elle a autrefois vivement ému les commentateurs. Les Institutes nous disent : *Permittitur ipsis creditoribus, rescissâ traditione, eam rem petere, id est, dicere eam rem traditam non esse, et ob id in bonis debitoris mansisse*[3].

Ce langage est formel; les créanciers peuvent faire tomber la tradition et redemander la chose en disant qu'elle n'a pas été livrée, et a continué d'appartenir à leur débiteur. Les Institutes nous parlent donc d'une

[1] Inst. l. IV t. 6 § 1. — G. C. IV § 1. — Dig. L. 25. De Oblig. et Act.

[2] Cette division des actions n'est pas du reste générale, universelle, comme le dit Justinien ; elle ne s'applique qu'aux actions in jus. Les actions in factum y restent étrangères, on est cependant parvenu à les y faire rentrer en s'attachant plutôt au fond qu'à la forme.

[3] Inst. L. IV, T 6 § 6.

action réelle reposant sur une formule fictice, et Théophile, dans sa paraphrase, déclare que ce paragraphe entend parler de l'action Paulienne.

Le Digeste nous présente lui aussi une action révocatoire, mais dont le but est de faire tomber non-seulement des aliénations, mais des acceptilations, des obligations, en un mot tout acte frauduleux par lequel le débiteur aurait diminué son patrimoine. On ne peut y voir évidemment une action réelle, de plus elle est conçue *in factum*. Un texte de Paul lui attribue du reste formellement le caractère d'*actio in personam* même quand il s'agit d'aliénation [1].

Vinnius pense que les Institutes n'ont entendu parler que d'une action personnelle, c'est par erreur que Justinien l'aurait placée parmi les actions *in rem*: « *Theophilum arbitror*, ajoute-t-il, *qui Paulianam hic nominat, sed in rem eam esse dicit, deceptum a Triboniano inconsiderate.* » Mais, comme le remarque Heineccius, il ne faut pas supposer que Tribonien et ses collaborateurs fussent si ignorants des principes du droit, que, trompés par le seul mot rescision, ils aient pris une action personnelle pour une action réelle. Du reste cette opinion pourrait se soutenir si on n'invoquait contre elle que la place donnée à notre § 6 au milieu des actions réelles, mais les termes mêmes du texte sont trop précis, ils indiquent des caractères trop essentiels à l'action *in rem*, pour qu'on puisse admettre une pareille erreur.

Doneau et Voët ont imaginé une explication fort

[1] Dig. L. 38 pr. et § 4 combinés. De usuris 22-1.

ingénieuse[1]. D'après eux, Théophile a commis une erreur en disant que le § 6 des Institutes a trait à l'action Paulienne. Elle est personnelle, et pour la connaître, il faut se reporter au digeste. Les Institutes supposent que les créanciers ont été envoyés en possession des biens de leur débiteur et l'action dont il es parlé leur est accordée pour garantir le *pignus prætorium*. Il n'est question que d'aliénation, il faut donc supposer une aliénation faite par le débiteur après l'envoi en possession, elle sera révoquée par l'action réelle hypothécaire; c'est cette action dont notre paragraphe entend parler.

Il est difficile d'admettre cette interprétation. Notre § 6 ferait double emploi avec le § 7 qui parle de l'action hypothécaire; de plus, l'action, dont il est question dans notre alinéa, est fictice tandis que l'action hypothécaire est *in factum* [2]. Et puis, c'est introduire dans le texte une distinction qui n'y est nullement faite, les Institutes ne supposent pas que l'aliénation soit postérieure à l'envoi en possession. Enfin, à quoi bon exiger la fraude? Cette condition est tout à fait inutile pour faire tomber les actes postérieurs à l'envoi en possession; on est obligé dans ce système de déclarer ces mots inutiles. Ainsi les raisons données à l'appui de cette opinion ne présentent pas un fondement assez solide pour qu'on puisse s'inscrire en faux contre le témoignage de Théophile.

[1] Doneau. Ad Tit. Inst. de Act. § 6. — Voët Pand. hoc tit. n° 12.

[2] M. Pellat, Propriété et Usufruit, p. 611. Note.

Aussi s'est-on décidé à ne pas chercher de conciliation. On admet généralement aujourd'hui qu'il y a en droit Romain deux actions Pauliennes, l'une réelle et l'autre personnelle [1].

L'action réelle ne peut s'appliquer évidemment qu'aux aliénations ; elle est fictice, comme le prouve le texte des Institutes.

L'action personnelle est rédigée *in factum*, elle est arbitraire, *rei persecutoria* à l'égard du demandeur car elle a seulement pour but de conserver le patrimoine intact, pénale à l'égard du défendeur, car la condamnation peut dépasser son enrichissement. Aussi n'est-elle donnée contre les héritiers du défendeur que *in id quod ad eos pervenerit* [2].

L'action Paulienne est annale ; nous savons que les actions prétoriennes ne duraient qu'un an quand elles tendaient à corriger, à renverser le droit civil, or tel est bien le caractère de notre action [3]. Le délai est une année utile, il court du moment où on a pu agir, c'est-à-dire du jour de la vente en bloc des biens du débiteur : « *Hujus actionis annum computamus utilem, quo experiendi potestas fuit, ex die factæ venditionis* [4]. » L'action se donne encore après l'année, mais elle est alors limitée à l'enrichissement du défendeur [5].

[1] Quel a été l'ordre probable de ces deux actions ? C'est un problème que nous tâcherons plus tard de résoudre.

[2] L. 11, nostr. tit.

[3] L. 1 pr., nostr. tit.

[4] L. 6 § 14, nostr. tit.

[5] L. 10 § 24. Il est à remarquer que, dans ce texte, le mot fraudator s'applique non au débiteur, mais au tiers particeps fraudis.

CHAPITRE V

A qui, et contre qui l'action Paulienne est accordée

L'action Paulienne est accordée dans l'intérêt des créanciers frustrés; ordinairement elle n'est pas exercée par eux mais par le *curator bonorum*. Ce curateur est une espèce de syndic, nommé par le magistrat avec le consentement des créanciers pour administrer les biens du débiteur saisi [1]. Le préteur n'était pas tenu du reste de donner l'action Paulienne à ce curateur, il pouvait en charger une autre personne.

Il faut, pour que l'action soit accordée, qu'il y ait encore quelque créancier antérieur à l'acte qu'on attaque. Il suffit qu'un seul créancier se trouve dans ce cas; la loi 10 § 6 le dit formellement, soit qu'il ait été au moment de l'acte le seul créancier du *fraudator*, ou qu'il soit resté seul après désintéressement des autres.

Pour savoir si l'action Paulienne doit être accordée, en supposant du reste que les conditions essentielles que nous avons indiquées plus haut soient réalisées, il faut se placer à deux époques: au moment de l'acte, et lors de la vente des biens[2]. Si un seul des cré-

[1] Dig. L. 2, 42-7 de curatore.

[2] J'emploie souvent le mot acte, et il n'est pas très-exact, j'en conviens; nous avons vu, en effet, que l'action Paulienne était employée aussi pour révoquer des causes d'appauvrissement tenant à l'inaction, la négligence frauduleuse du débiteur. Mais, une fois les principes posés, j'ai cru pouvoir, sans trop d'inconvénients, éviter par ce moyen des périphrases toujours gênantes.

anciers atteints par l'acte en question existe encore à la seconde époque, l'action Paulienne sera donnée. Supposons donc que tous les créanciers frustrés par l'acte aient été désintéressés avant la seconde époque, l'action révocatoire sera éteinte, quel que soit le préjudice définitivement causé. Telle est la doctrine qu'il faut suivre, mais une exception fort juste y a été apportée [1]. Supposons que tous les créanciers antérieurs à l'acte aient été satisfaits, mais qu'ils l'aient été avec l'argent des créanciers postérieurs, l'action Paulienne restera ouverte au profit de ces derniers. Les lois 15 et 16 de notre titre appliquent cette théorie au cas d'affranchissement. Une personne, ayant Titius pour créancier, et se sachant insolvable, donne dans son testament la liberté à ses esclaves, puis, paie Titius et meurt, laissant Sempronius pour créancier et une succession dont le passif excède l'actif. Ulpien décide que les affranchissements testamentaires seront respectés, car Titius ne souffre aucun préjudice, et au moment du testament, Sempronius n'étant pas créancier, il n'y a pas eu à son égard *consilium fraudis*. Paul apporte ce tempérament : à moins que Titius n'ait été désintéressé avec l'argent de Sempronius.

Il y a là une sorte de subrogation légale très remarquable, il est facile de la justifier. La personne contre laquelle on agit n'a pas à se plaindre ; sans l'intervention des seconds créanciers, elle aurait été en effet soumise à l'action des premiers.

[1] L. 10 § 1, nostr. tit.

Faut-il pour que cette subrogation ait lieu que les créanciers postérieurs n'aient prêté leur argent que moyennant certaines conditions, qu'ils aient connu l'emploi qu'on allait en faire ? Je ne le pense pas ; ni la loi 10, ni la loi 16 ne parle de condition de ce genre, et Paul semble bien n'en faire qu'une question de fait : est-il prouvé que les créanciers primitifs aient été désintéressés avec l'argent des créanciers postérieurs ? *Nisi priores pecunia posteriorum dimissi probentur.*

Il faut que les créanciers primitifs existent encore comme créanciers du même débiteur [1], lorsqu'on veut intenter l'action Paulienne. Si donc le débiteur vient à mourir et que ses créanciers ne demandent pas la séparation des patrimoines, ils ne peuvent pas obtenir l'action révocatoire. C'est ce que nous dit Ulpien : « *Si fraudator heredem habuit, et heredis bona venierint, non est in bonis, quibus de agitur, factum, et ideo cessat actio* [2] ». Cette décision se comprend aisément. Les créanciers avaient deux moyens : accepter pour débiteur l'héritier qui, continuateur de la personne, est tenu sur tous les biens *in infinitum*, ou bien conserver leur débiteur primitif en demandant la séparation des patrimoines. Qu'ils choisissent, leur position est ainsi suffisamment garantie.

Le § 11 de la même loi suppose qu'un mineur de-

1 Et qu'il s'agisse des mêmes créances. Si un créancier était payé, puis qu'il vint à prêter de nouveau, nous aurions bien le même créancier physiquement parlant ; mais la créance n'étant plus la même, il n'y aurait plus lieu à l'action Paulienne.

2 Loi 10 § 9, nostr. tit.

vienne héritier de son père ; les créanciers de la succession obtiennent la séparation des patrimoines, les biens héréditaires sont vendus. Ulpien déclare que, dans ce cas, l'action Paulienne sera admise aussi bien contre les actes du père que contre ceux du pupille ou de son tuteur. Il est à remarquer qu'on accorde l'action Paulienne même contre les actes du pupille ; malgré la séparation des patrimoines on le considère donc à ce point de vue comme débiteur des créanciers du père. Il faut étendre cette décision à tout autre héritier.

Le § 10 suppose qu'un héritier sien ou un héritier externe s'immisce dans la succession, puis obtienne ensuite à raison de son âge ou pour autre cause la *restitutio in integrum ;* les créanciers héréditaires auront action utile. Il en est de même au cas d'un esclave héritier nécessaire. Nous avons vu que les créanciers qui ne demandent pas la séparation des patrimoines ne peuvent plus intenter l'action Paulienne, ils ont par cela même accepté pour débiteur l'héritier, que seul ils peuvent poursuivre. Par la *restitutio in integrum* il cesse d'être leur débiteur, mais est-ce une raison suffisante pour leur donner l'action Paulienne ? La *restitutio* est une mesure de faveur envers l'héritier, est-il logique d'en tirer comme conséquence action au profit des créanciers, et de modifier ainsi la position des tiers ? Il était possible de douter, le jurisconsulte accorde néanmoins l'action aux créanciers *utilitatis causâ.*

Ulpien ajoute : « Assurément, écrit Labéon, il faut faire une distinction. Si les créanciers ont fait vendre immédiatement les biens du défunt; si c'est pendant leur absence ou alors qu'ils pactisaiont avec lui que l'héritier nécessaire s'est immiscé dans la succession, les actes frustratoires tant du testateur que de lui-même seront révoqués; si, au contraire, ils ont volontairement souffert l'héritier, l'ont accepté pour débiteur, l'ont attiré par la douceur de leurs intérêts ou ont suivi sa foi de quelque autre façon, il faut décider qu'aucune des alinénations faites par le testateur ne sera révoquée. »

Cette partie du texte semble écrite spécialement pour l'héritier nécessaire, mais elle s'applique à tout autre héritier. L'idée générale de la distinction est celle-ci : Les créanciers ont-ils agi de façon à montrer qu'ils acceptent l'héritier pour débiteur, ou au contraire, n'ont-ils rien fait de semblable? Dans la deuxième hypothèse seulement, l'action Paulienne est admise.

Le jurisconsulte énumère certains faits qui amèneront cette déchéance pour les créanciers; il n'y a là rien de limitatif. Il faut noter les pactes *(paciscentibus)*. Il s'agit ici des pactes qui intervenaient entre les créanciers et l'héritier d'une succession insolvable avant la création du bénéfice d'inventaire. Ils étaient garantis par l'autorité du prêteur. L'unanimité des créanciers n'était pas nécessaire, on se contentait d'une majorité non en nombre, mais en capital [1].

On n'est pas d'accord sur la portée de ce texte. Certains interprêtes pensent que l'héritier doit faire acte d'immixtion pendant qu'il s'arrange avec les

[1] Dig. L. 7 à 10. 2-14, de pactis.

créanciers, mais avant que le pacte soit conclu, c'est alors seulement que l'action Paulienne serait accordée, on la refuserait si les actes de l'héritier étaient postérieurs à la convention formée. D'autres interprêtes sont d'avis qu'il n'y a pas à distinguer suivant que les actes interviennent pendant les arrangements ou après la conclusion du pacte, parce que, disent-ils, par l'effet du pacte, les créanciers n'ont pas acquis un débiteur personnel, l'héritier n'est pas tenu *in infinitum*, il n'a jamais promis de payer qu'une quote part du passif, dès lors, dit-on, ils n'ont pas perdu le droit d'attaquer les actes frauduleux du défunt.

La première partie de notre § 10, supposant que l'héritier a obtenu une *restitutio in integrum* contre une acceptation irréfléchie, accorde l'action Paulienne; la seconde partie fait des distinctions. Faut-il séparer ces deux parties ou admettre ces distinctions dans la première hypothèse? Je crois qu'il faut les séparer. Il serait bien singulier et injuste que les créanciers, dans la première espèce, perdissent leur action révocatoire sans avoir acquis un débiteur nouveau. Et pourquoi? Quelle faute leur reprocher? La *restitutio in integrum* doit soustraire l'héritier aux conséquences de son acceptation et remettre en même temps les créanciers au même état que si l'acceptation n'avait pas eu lieu. La seconde partie de notre paragraphe n'a en vue que le cas ordinaire où l'héritier n'a pas la ressource de la *restitutio*.

Le principe en notre matière est donc celui-ci : Quand les créanciers ont accepté l'héritier pour débiteur, ils ne peuvent attaquer que ses actes frauduleux, non ceux du défunt. Quand, au contraire, ils ne l'ont pas accepté, ils peuvent faire révoquer les actes tant du défunt que de l'héritier.

L'action Paulienne est donnée contre les acquéreurs tant à titre gratuit qu'à titre onéreux; nous en avons vu de nombreux exemples. Il suffit même qu'on profite de l'acte sans y avoir été partie, comme dans l'hypothèse de la loi 25 pr. Venulcius suppose que le *fraudator* fait acceptilation au fidéjusseur complice de la fraude, que décider? Si le débiteur principal est également complice, action sera donnée contre le fidéjusseur et contre lui; si le fidéjusseur seul est de mauvaise foi, il sera en principe seul exposé à l'action, mais qu'arrivera-t-il s'il est insolvable? Donnerons-nous dans ce cas recours contre le débiteur de bonne foi? Le jurisconsulte admet l'affirmative, parce que c'est un véritable donataire. Puis il renverse l'hypothèse et supposant l'acceptilation faite au débiteur principal insolvable il déclare que le fidéjusseur n'a jamais à craindre aucun recours. La raison qu'il en donne est qu'il s'agit pour le fidéjusseur plutôt d'éviter une perte que de réaliser un gain. Cette décision et la raison qui la détermine, me semblent mauvaises, n'est-ce pas en effet faire un gain qu'échapper à une perte certaine?

In duobus autem reis par utriusque causa est. — Le jurisconsulte suppose le cas d'obligation solidaire, l'acceptilation frauduleuse faite à l'un des débiteurs ouvrira l'action Paulienne contre tous et toujours pour les mêmes raisons. Il est à remarquer que le jurisconsulte ne distingue pas suivant qu'il y a ou non société entre les différents *corei*. Lorsqu'il y a société chaque débiteur solidaire jouant à l'égard de ses codébiteurs le rôle d'un fidéjusseur, il eût été peut-être logique de faire les distinctions que nous avons vues. Au lieu de cela le jurisconsulte traite tous les *corei* comme débiteurs principaux, nous ne le regretterons pas, car le motif précédent ne nous a pas paru bien décisif.

SIXIÈME CHAPITRE

Effets de l'action Paulienne

L'action Paulienne est arbitraire. Lorsque le demandeur a prouvé le bien fondé de sa prétention, quel doit être l'*arbitrium* du juge? Il ordonnera au défendeur de restituer la chose avec tous ses accessoires [1] : « *Per hanc actionem res restitui debet cum sua scilicet causa.* » La restitution consistera ici dans une retranslation de la propriété; l'acquéreur était en effet devenu véritable propriétaire et l'action Paulienne doit remettre les choses dans le même état que si l'aliénation n'avait pas eu lieu. — Le mot *causa* a des sens très-variés, c'est un de ces termes généraux et

[1] L. 10 § 19, nostr. tit.

mal définis qu'il est désagréable de rencontrer dans un texte; il signifie dans notre loi l'ensemble des accessoires d'une chose, fruits, profits, émoluments qu'elle a produits.

S'il s'agit d'un acte autre qu'une aliénation, le juge ordonnera au défendeur de remettre les choses dans l'état où elles seraient si l'acte frauduleux n'avait pas eu lieu. Voici ce que nous dit Ulpien : « Par cette action *in factum*, on obtient non-seulement la restitution de la propriété, mais aussi le rétablissement des actions [1]. » Cela nous prouve d'une façon très-nette le caractère arbitraire de l'action Paulienne. « C'est pourquoi elle est donnée coutre ceux qui ne possèdent pas, pour qu'ils restituent, et contre ceux qui ont une action pour qu'ils la cèdent. Si donc on a fait intervenir Titius pour que le *fraudator* lui fit tradition, il faudra céder l'action de mandat. Et si le *fraudator* a constitué une dot à sa fille et que le gendre soit complice de la fraude, la fille devra céder son action *de dote.* »

Le texte nous dit que l'action est donnée *adversus eos qui non possident ut restituant.* — On peut croire que la négation est une erreur de copiste et la supprimer. Il est néanmoins possible d'expliquer le texte tel qu'il est. L'action est en effet donnée quelquefois contre des personnes qui ne possèdent pas pour obtenir une indemnité. Nous en avons vu la preuve dans la loi 9. Paul supposant que l'acheteur complice de la fraude a revendu la chose à un sous-acquéreur de

1 L. 14, nostr. tit.

bonne foi, déclare que l'acheteur primitif sera soumis à l'action. De même, le donataire qui ne possède plus, doit payer une indemnité plus ou moins forte suivant qu'il a ou non connu la fraude. Le texte peut donc très-bien s'expliquer sans qu'il soit nécessaire d'en supprimer la négation. Cependant, je crois que cette correction est commandée par l'esprit général de la loi; Ulpien, en effet, oppose le cas où *dominium revocatur* à celui où *actiones restaurantur*, il continue : *ea propter* — c'est pourquoi. La seconde phrase est donc l'application de cette distinction, or il faut convenir que si on respecte le texte tel qu'il est, on n'y trouve plus la suite des idées annoncées par le jurisconsulte lui-même.. Il faut reconnaître également que les mots — *ut restituant* — ne seraient pas bien heureux, car il ne s'agit pas d'une restitution. La question n'a du reste qu'une importance fort secondaire, quel que soit le système auquel on se range, les principe restent sains et saufs.

La loi 14 nous donne deux exemples où le défendeur, pour échapper à la condamnation devra céder l'action qui lui appartient. L'acheteur complice a donné mandat à une personne étrangère, Titius, de recevoir tradition de la chose. Ce premier exemple mérite attention. Que faut-il supposer? Dirons-nous que la vente a eu lieu et que l'acheteur a seulement donné mandat à Titius de recevoir la chose? Je ne le pense pas, l'acheteur a dans ce cas quelque chose de mieux à céder que l'*actio mandati*, il est devenu propriétaire dès l'instant de la tradition, c'est donc le *dominium* même qu'il doit rendre, ou si le demandeur s'en contente, l'action en revendication [1].

Deux hypothèses peuvent parfaitement justifier le texte : ou bien la vente a eu lieu directement entre le *fraudator* et Titius mandataire ; ou elle a bien eu lieu entre le *fraudator* et le mandant, mais il y a eu entre l'acheteur et son mandataire une convention par laquelle Titius devait conserver provisoirement la possession et la propriété [2].

Le second exemple donné par notre loi est celui de la constitution de dot : « *Ergo et si fraudator pro filia sua dotem dedisset scienti fraudari creditores, filia tenetur ut cedat actione de dote adversus maritum.* » — Nous ferons tout d'abord remarquer que ce texte ne parle pas de la complicité de la femme, c'est un point que nous avons déjà traité, et, d'après l'opinion que nous avons adoptée, nous exigerons pour donner l'action Paulienne contre elle qu'elle connaissse la fraude commise par son père. Cette incorrection qu'on peut nous contester, n'est pas du reste la seule que nous trouvions dans cette loi ; le texte suppose la complicité du mari — *scienti* — or, si le mari est complice, les créanciers auront action directe contre lui [3] ; de plus, cette condition n'est nullement nécessaire pour que la fille soit soumise à l'action Paulienne. Aussi a-t-on proposé une correction fort ingénieuse ; au lieu de — *scien-*

[1] L'intérêt est grand ; par l'action de mandat on se présente comme créancier, et dès lors on ne touchera qu'un dividende si le mandataire est insolvable ; le même danger n'est pas à craindre quand on agit comme propriétaire.

[2] V. M. Demangeat. Cours élémentaire de dr. Rom. T. 1, p. 605 à 608.

[3] L. 25 § 1, nostr. tit.

ti — il faudrait lire — *sciente* — ce mot se rapporterait dès lors à la fille, et le texte par ce seul changement qui est très admissible, ne soulèverait plus aucune critique. Il se trouverait ainsi en harmonie parfaite avec le système que nous avons adopté sur la loi 25.

« Par cette action on peut exiger l'usufruit et une stipulation de cette sorte : Promettez-vous de me donner dix chaque année [1]. »

On peut supposer que le débiteur a renoncé frauduleusement à un usufruit, le juge ordonnera au défendeur de le rétablir, on peut aussi faire l'hypothèse inverse et supposer que le *fraudator* a constitué un usufruit, l'usufruitier devra, sur l'ordre du juge en consentir l'extinction ; il n'aura qu'à faire *cessio in jure*.

Le jurisconsulte prévoit le cas où on a éteint une rente par acceptilation frauduleuse, le juge ordonnera au défendeur de s'engager de nouveau ; il y aura donc une seconde stipulation. Le tout évidemment sans préjudice des autres restitutions à faire.

C'est ce que nous lisons dans le § 22 de notre loi 10. Après avoir dit que, règle générale par l'action Paulienne les choses sont remises au même état que si l'acte attaqué n'avait pas eu lieu, le jurisconsulte déclare qu'il faudra rendre en conséquence les avantages qui auraient été perçus dans le temps intermédiaire. Ainsi la dette éteinte portait-elle intérêts, il faudra rendre les intérêts qu'elle aurait produits. Quelles sont

[1] L. 10 § 15, nostr. tit.

les causes qui peuvent faire courir les intérêts? Le texte les indique d'une façon obscure : s'il s'agit d'un contrat de droit strict, il faut une stipulation ; s'il s'agit d'un contrat de bonne foi ils courent par une simple convention ou la mise en demeure.

Nous avons vu le principe général en cette matière : *Præterea generaliter sciendum est hac actione restitutionem fieri in pristinum statum, sive res fuerunt, sive obligationes.* Le § 23 de notre loi nous donne encore des applications de cette règle : « Si l'obligation était affectée d'un terme, d'une condition, elle renaîtra avec ce terme ou cette condition. Si le droit d'agir, qu'on peut faire ainsi revivre, n'avait qu'une durée limitée, la restitution ne pourra en être poursuivie que pendant le temps qui restait à courir, non pendant une année entière. »

Au temps classique nous pourrions donner comme exemple les obligations du *sponsor* et du *fidepromissor*, qui s'éteignaient en vertu de la loi *Furia* par le seul laps de deux ans [1]. Les actions prétoriennes ne duraient ordinairement qu'un an. Supposons une de ces actions, un mois avant le jour qui les éteint, l'acte frauduleux est commis ; les créanciers auront-ils pour agir le délai d'une année? Non, ils n'auront que le temps qui restait à courir lorsqu'est intervenu la libération qui leur nuit, un mois dans l'espèce depuis la vente des biens. Et ceci est parfaitement conforme aux principes posés plus haut, les choses doivent être remises au même état que si l'acte n'avait pas eu lieu,

[1] Gaïus. C. III, § 121.

le droit d'agir doit donc se périmer par le laps d'un mois.

Supposons une aliénation frauduleuse, les créanciers du vendeur l'attaquent, le défendeur peut-il se refuser à restituer tant que le prix par lui payé ne lui aura pas été rendu ? Paul répond qu'il ne peut opposer cette exception et qu'il doit restituer sans délai ; telle est l'opinion de Proculus, sanctionnée par un rescrit [1]. La loi suppose que la vente a eu lieu à vil prix, c'est là en effet le cas le plus fréquent, celui où le préjudice se prouvera le plus facilement ; on pourrait supposer également que la chose a été vendue à sa véritable valeur mais avec l'intention connue de l'acheteur d'en dissiper le prix.

L'acheteur devra-t-il donc se résoudre à rendre la chose sans recevoir aucune espèce d'indemnité ? Ce sera là une question d'appréciation qui sera résolue d'après les circonstances [2] ; l'argent versé par l'acquéreur se retrouve-t il dans le patrimoine du débiteur, il y aurait alors véritable injustice à ne pas le rendre.

Examinons maintenant les effets de la restitution quant aux fruits.

L'aliénation frauduleuse portait sur une chose qui produisait des fruits, l'acquéreur doit-il dans la restitution tenir compte des produits et émoluments retirés de la chose pendant qu'il la possédait ? La réponse est différente suivant qu'il s'agit de l'action

[1] L. 7, nostr. tit.
[2] L. 8, nostr. tit.

Paulienne ou de l'interdit fraudatoire. Parlons d'abord de l'action Paulienne; la restitution comprend tout cela; faisons avant tout une remarque : les règles que nous allons voir ne s'appliquent au donataire de bonne foi qu'avec une restriction, la restitution ne doit jamais dépasser l'enrichissement qu'il a tiré de l'acte.

Supposons maintenant que l'acquéreur soit de mauvaise foi, le § 20 de la loi 10 nous dit : « La restitution comprend tous les fruits et non-seulement ceux qui ont été perçus, mais encore ceux qu'on a négligé de percevoir. Faisons toutefois une réserve ; il faut déduire les frais faits par le possesseur, il ne sera tenu de restituer la chose qu'après remboursement des dépenses nécessaires. On doit le décider de même des autres dépenses qu'il a pu faire du consentement des créanciers et fidéjusseurs [1]. »

Il est difficile d'expliquer les mots *ex voluntate fidejussorum* ; certes le vendeur pouvait avoir fait garantir certaines dettes par des fidéjusseurs, mais ces cautions ayant contre lui l'*actio mandati* rentrent dans la classe des créanciers ordinaires.

Le part doit être également restitué [2].

La règle précédente est énoncée d'une façon formelle dans une loi de Paul relative aux actions personnelles Favienne et Paulienne [3] : « *In Faviana quoque actione et Pauliana per quam quœ in fraudem*

[1] Au lieu de *si quis alius*, je pense qu'il faut lire *si quis alios*.

[2] L. 10 § 21, nostr. tit.

[3] L. 22 § 1. Dig. 38-4, de usuris et fructibus.

creditorum alienata sunt revocantur, fructus quoque restituuntur ; nam prætor id agit, ut perinde sint omnia atque si nihil alienatum esset, quod non iniquum est nam et verbum restituas , quod in hac re prætor dicit habet significationem ut fructus quoque restituantur. »

Examinons maintenant la même question quant à l'interdit fraudatoire. Venuleius nous dit : « Il faut rendre non seulement la chose même, mais les fruits pendants lors de l'aliénation, parce qu'ils étaient dans le patrimoine du *fraudator*. Il faut rendre également les fruits perçus depuis la demande en justice. Les fruits du temps intermédiaire ne sont pas sujets à restitution ; il en est de même de l'enfant que l'esclave aliénée en fraude a mis au monde dans l'intervalle de ces deux époques ; ils n'ont en effet jamais fait partie des biens du débiteur. — Sans aucun doute, dit Proculus, si la femme a tout à la fois conçu et mis au monde dans le temps intermédiaire l'enfant n'est, pas compris dans la restitution ; mais s'il était conçu lors de l'aliénation, on peut dire qu'il faut aussi le rendre [1]. »

Nous ne trouvons donc pas ici la même règle que pour l'action Paulienne ; l'interdit ne fait pas rendre les fruits perçus pendant l'intervalle écoulé entre l'aliénation et la demande en justice. On en a donné deux explications. Une règle commune à tous les interdits est que la restitution des fruits ne doit pas

[1] L. 25 § 4 et 5, nostr. tit. — La rubrique de cette loi nous prouve qu'elle a trait à l'interdit fraudatoire.

comprendre ceux perçus avant la délivrance de ce moyen prétorien. L'interdit est une loi particulière donnée par le préteur et qui n'a pas d'effet rétroactif [1]. Quant aux fruits pendants au moment de l'aliénation, ils faisaient à vrai dire partie du fonds, comme lui, ils ont été aliénés frauduleusement et sont dès lors assujettis aux règles de la restitution.

Une autre explication a été tirée des principes généraux et du texte même que nous venons d'étudier. Les fruits perçus depuis la *litis contestatio* doivent être rendus parce que le demandeur, dont le droit est fondé, ne doit pas souffrir des lenteurs de la justice ni de la résistance de son adversaire; c'est une règle commune à toutes les actions que le demandeur doit être traité comme s'il avait triomphé dès le début de l'instance. Quant aux fruits perçus dans le temps intermédiaire, ils n'ont jamais appartenu au débiteur (*non in bonis ejus fuerunt*), il n'a donc pas, quant à eux, diminué son patrimoine en fraude de ses créanciers. Le motif ne me semble pas bien concluant; n'est-ce pas en réalité diminuer son patrimoine que céder la chance certaine d'en recueillir les fruits, qu'en vendre les produits à venir? Cependant il est permis d'attribuer ce raisonnement aux jurisconsultes Romains, nous avons vu déjà en effet plusieurs exemples de ces distinctions subtiles entre l'appauvrissement et la non diminution. Le § 4, comme nous l'avons déjà fait remarquer, paraît être tout à fait dans cet ordre d'idées, le jurisconsulte donne pour motif:

1 Dig. L. 3, 43-1. De interdictis.

Quia in bonis fraudatoris fuerunt ou *non fuerunt.*

Quant aux fruits pendants au moment de l'aliénation faut-il distinguer suivant qu'ils sont mûrs ou non ? Il n'y a aucune distinction à faire ; c'est ce que remarque Venulcius d'après Labéon dans un texte qui n'a d'ailleurs que fort peu d'intérêt [1].

Le système de l'action Paulienne est du reste beaucoup plus important que celui de l'interdit frauduloire.

SEPTIÈME CHAPITRE

A qui profitent les restitutions et condamnations prononcées sur l'action Paulienne

On serait porté à croire que l'action n'existant que s'il y a des créanciers frustrés par l'acte frauduleux, l'émolument tout entier doit leur revenir ; il paraît cependant résulter des textes que l'action profite à la masse. Ulpien nous dit dans la loi 10 : pourvu qu'un seul des créanciers frustrés existe lors de l'envoi en possession *adhuc actioni fore locum.* — Si le tiers a su nuire à un des créanciers *fore locum actioni* — enfin si les créanciers existant au moment de l'acte frauduleux ont été désintéressés, *cessat revocatio.* Julien s'exprime de même [2]. De ces différents textes,

[1] L. 25 § 6, nostr. tit.
[2] L. 10 § 1, 6 et 7. L. 15, nostr. tit.

on tire deux arguments : 1° Les jurisconsultes s'expriment toujours *impersonaliter*, *in rem*, d'une façon absolue, ils ne disent pas : le créancier, dont nous parlons, a l'action Paulienne, mais l'action Paulienne existe, est ouverte. Il est dès lors naturel d'en faire profiter tous ceux qui y ont intérêt. L'exercice de l'action par le curateur vient encore donner plus consistance à ce raisonnement. — 2° Voilà un débiteur qui a fraudé ses créanciers, puis il les désintéresse tous et meurt insolvable, laissant des dettes nouvelles, il n'y a pas lieu à l'action Paulienne, cela est de toute évidence, et cependant la question avait été soulevée puisque nous la voyons résolue par Ulpien. Comment peut-on s'expliquer le doute qui l'avait fait naître ? Dans notre interprétation on s'en rend compte aisément; supposons en effet qu'un seul des créanciers antérieurs n'ait pas été payé, la masse entière profiterait de la révocation de l'acte frauduleux, on avait donc pu se demander si les créanciers postérieurs ne tireraient pas dans tous les cas de cet intérêt considérable le droit d'agir. Mais dans le système contraire, le doute ne se comprend plus du tout puisque les créanciers postérieurs ne pourraient dans aucun cas, profiter de l'action Paulienne.

Le système que nous venons d'exposer a été suivi par notre législateur en matière commerciale [1].

Le *fraudator* ne pouvait tirer aucun profit personnel de la révocation; il était même soumis à l'action

[1] Art. 446 et 447. C. de Comm.

Paulienne : l'Edit portait : *Idque, adversus ipsum qui fraudem fecit, servabo* [1].

Venulcius nous dit : « Notre action se donne contre le *fraudator* lui-même. Méla était d'avis contraire ; il pensait qu'aucune action ne pourrait être donnée après la vente des biens pour faits antérieurs et qu'il y aurait injustice à autoriser des poursuites contre une personne dépouillée de ses biens. S'il a dissipé des biens dont on ne puisse pas obtenir restitution, action sera néanmoins donnée contre lui ; et le prêteur en permettant de poursuivre cet homme, qui n'a plus aucune fortune, semble moins rechercher un profit pour les créanciers qu'un châtiment pour la fraude. »

Méla refusait donc action contre le *fraudator* ; il exagérait un principe, que nous trouvons écrit dans le titre précedent [2] : « D'après un rescrit d'Antonin et de Lucius Verus, après la vente en détail des biens par le curateur, aucune action ne peut appartenir au *fraudator* pour faits antérieurs à la vente. — Méla prétendait qu'aucune action ne pouvait être non plus donnée contre lui. Cette exagération se comprend aisément ; nous savons en effet que la vente des biens constituait une sorte de *successio in universum jus* ; le *bonorum emptor* était mis aux lieu et place de la personne dont il avait acquis la fortune entière. On pouvait penser dès lors que le *fraudator* était dégagé de toutes les suites des obligations, comme il perdait toutes ses créances et tous ses droits. Mais cette opi-

[1] L. 1 pr., nostr. tit.
[2] Dig. L. 4. 42-7. De curatore bonis dando.

nion n'avait pas prévalu ; le *bonorum emptor* en effet, n'est pas un continuateur tenu *in infinitum ;* il n'est soumis aux actions des créanciers que jusqu'à concurrence du dividende qu'il leur a promis, pour le surplus, il était juste que le *fraudator* fut tenu, puisqu'il n'y a eu aucune convention entre ses créanciers et lui.

A quoi bon donner action contre une personne dépouillée de tous ses biens ? La fin du texte répond à cette question ; sans aucun doute les créanciers n'en retireront aucun avantage pécuniaire, mais la fraude de leur débiteur sera punie ; l'action aboutira à un emprisonnement.

On peut penser d'après notre texte qu'après la vente des biens, le débiteur ne peut être contraint par corps pour faits antérieurs qu'autant qu'on se trouve dans le cas de l'action Paulienne. Plusieurs jurisconsultes, parmi lesquels Cujas, admettent en effet cette solution; ils enseignent que le débiteur dont les biens ont été vendus ne peut être poursuivi que s'il en acquiert de nouveaux et dans la limite de leur valeur. Cela posé, ils font exception pour le cas de l'action Paulienne ; si les créanciers prouvent la fraude de leurs débiteurs, ils pourront obtenir son emprisonnement. Cette opinion n'est pas admissible, les biens du débiteur, qui faisait cession, étaient vendus, or, la cession de biens nous est présentée comme un bénéfice qui garantit le débiteur de la contrainte par corps : « *Qui bonis cesserint, nisi solidum creditor receperit, non sunt liberati. In eo tantummodo hoc beneficium eis prodest, ne judicati detrahantur in carcerem.* » Si c'est là un bénéfice résultant de la cession de biens, on ne peut l'étendre à tous les cas de vente en masse. Il ne faut donc pas admettre l'opinion de Cujas qui fait disparaître cette cause spéciale de préférence.

Comment alors expliquer la règle particulière que semble bien poser notre texte au cas où il y a fraude de la part du débiteur?

Des auteurs de grand poids soutiennent qu'en droit Romain, la contrainte par corps ne pouvait s'exercer que pour dettes d'argent [1], dans cette opinion il y aurait exception quand les créanciers prouvent la fraude de leur débiteur.

On peut encore soutenir que notre texte prévoit précisément le cas où le débiteur a fait cession de biens. Le bénéfice de la cession de biens le soustrayait, comme nous l'avons vu, à la contrainte par corps, mais si sa fraude était démontrée on le privait de ce privilége.

A quelle époque a eu lieu la fraude dont il s'agit? Des auteurs considérables pensent qu'il s'agit d'une fraude postérieure à la vente et de biens acquis après cette époque [2]. Toutefois, rien dans le texte n'autorise cette interprétation. *Si disperdidisset*. Et du reste s'il s'agissait de biens acquis après la vente, l'action Paulienne ne serait pas nécessaire, les créanciers auraient en effet action civile contre leur débiteur dans les limites non-seulement de son enrichissement actuel, mais aussi des biens que par dol il aurait perdus. Il

[1] V. M. Ch. Giraud. Nexi, p. 136 et suiv.
[2] V. M. Demangeat, op. citato, 62, p. 520 et 521.

est donc naturel de penser qu'il est question d'une fraude antérieure à la *bonorum vendatio*.

Notons du reste que le préteur ne donne cette action pénale contre le débiteur que si les créanciers ne peuvent obtenir aucune restitution au sujet de ces actes : *Si nulla restitutione recuperari possent.* Il suffit pour cela de supposer un contrat à titre onéreux et un tiers de bonne foi.

Les legs ne tombent jamais sous le coup de l'action Paulienne. En effet l'action révocatoire n'a lieu que si le débiteur est insolvable ; or si le testateur laisse un passif supérieur à son actif, il ne peut être question de legs, car les légataires ne viennent que lorsque tous les créanciers ont été satisfaits ; l'insolvabilité qui est une des conditions essentielles de l'action Paulienne fait évanouir les legs.

Les affranchissements testamentaires ne sont pas soumis au même principe ; et cela est d'autant plus remarquable qu'il y avait grande ressemblance entre le legs *per vindicationem* et l'affranchissement testamentaire direct. Le loi Ælia Sentia avait posé des règles spéciales à notre matière. Le nombre des affranchissements testamentaires avait été strictement limité par la loi *Furia Caninia*. Ces règles différentes quant aux legs et aux affranchissements sont rapprochées et mises en lumière dans un texte assez curieux de Scévola [1]. Une personne meurt laissant un testament par lequel elle affranchit des esclaves et leur fait quelques legs ; sa succession est insolvable, les héritiers s'arrangent avec les créanciers et font adition, afin de

[1] L. 23, nostr. tit.

laisser intacte la mémoire du défunt, mais à condition de ne payer que le quart des dettes ; le jurisconsulte se demande s'il faut respecter les affranchissements et les legs faits à ces esclaves ? Il déclare qu'il faut respecter les affranchissements, s'ils n'ont pas été faits en fraude des créanciers ; quant aux legs, ils ne seront pas payés, puisque la succession est insolvable.

Faut-il traiter de même les affranchissements fideicommissaires ? Non, ils ont été assimilés aux legs et tombent donc si la succession est insolvable [1].

Notons en terminant ce court parallèle que les affranchissements même par fideicommis étaient respectés dans le calcul de la Falcidie [2]. Dans ces questions des intérêts fort respectables se trouvaient en conflit : la liberté de l'esclave, le droit des créanciers, celui des héritiers. Autant que possible, il faut les respecter tous, mais dans certains cas, cela devient impossible, il faut opter. C'est ainsi que nous avons vu l'esclave préféré aux créanciers, ou les créanciers préférés à l'esclave suivant que l'affranchissement est direct ou fideicommissaire ; dans notre cas l'intérêt de la liberté l'emporte sur celui des héritiers institués.

Supposons qu'un père donne à son fils la libre administration de son pécule, il ne lui sera pas présumé lui avoir concédé le droit de faire des aliénations frauduleuses, l'acte sera nul comme fait en dehors des pouvoirs du fils. *Quid* si le père a permis à son fils d'agir

[1] Code. L. 7. 7-11. Qui manumittere non possunt.
[2] Dig. L. 32 § 5. 35-2. Ad leg. Falcid.

ainsi en fraude de ses créanciers? Il paraîtra avoir agi lui-même, dit Marcellus [1], et supportera la peine de la fraude. Les actions ordinaires données contre le père à raison des contrats du fils suffiront du reste dans ce cas aux créanciers ; l'action *de peculio* comprend en effet non-seulement la valeur actuelle du pécule, mais tout ce qui le composerait si le père n'avait pas commis de dol : *Summa cum ratione, etiam hoc peculio prætor imputabit, quod dolo malo domini factum est quo minus in peculio esset* [2]. Il n'y avait lieu à l'action Paulienne que si la fortune du père ne suffisait pas à couvrir ce déficit. Je crois même que les créanciers pourraient obtenir contre le père la contrainte par corps, pourvu que les conditions exigées par la loi 25 § 7 fussent réalisées.

Scævola suppose que le débiteur modifie par une convention avec le voisin la limite d'un fonds engagé, et cela en fraude du créancier hypothécaire. Plus tard le créancier n'étant pas satisfait, le fonds est vendu ; l'acquéreur doit-il respecter la délimitation faite à l'insu du créancier? Le jurisconsulte répond que l'acheteur n'est nullement tenu de respecter la convention [3]. Faudra-t-il employer pour cela l'action Paulienne? En aucune façon, Scævola ne fait qu'appliquer la règle : *Res inter alios acta aliis neque nocet neque prodest.* Peu importe que le débiteur ait agi ou non en fraude du créancier hypothécaire ; pourvu

[1] L. 12, nostr. tit.
[2] Dig. L. 21 pr. 15-1. De peculio.
[3] L. 21, nostr. tit.

que ce dernier n'ait pas été partie dans l'arrangement, l'acquéreur n'est pas tenu de respecter les limites ainsi fixées. Les auteurs du Digeste ont donc placé à tort ce fragment dans notre titre ; ils ont été trompés par cette circonstance de l'espèce, mise en relief dans le texte, mais qui n'a aucune influence sur la décision : *Debitor infraudem creditoris*.

HUITIÈME CHAPITRE

Comment s'explique la coexistence de divers moyens d'action donnés aux créanciers pour les protéger contre la fraude de leur débiteur ?

La fraude du débiteur ouvrait aux créanciers plusieurs moyens d'action : l'interdit fraudatoire, l'action Paulienne personnelle, l'action Paulienne réelle. La loi Ælia Sentia était aussi venue à leur aide. Comment expliquer cette accumulation et cette coexistence de garanties ?

Et d'abord à quoi bon un interdit et une action ? Cette question n'est pas nouvelle pour nous. Nous avons déjà vu la *petitio hereditatis* et l'interdit *quorum bonorum*, l'interdit Salvien et l'action Servienne exister cumulativement pour défendre les intérêts des mêmes personnes.

On comprend parfaitement l'existence des interdits Salvien et *quorum bonorum* à côté des actions ; ces interdits n'ont qu'un effet provisoire, ils tranchent une question de possession, rien de plus ; ils jouent à peu près le rôle de nos actions possessoires. C'est un moyen plus commode et plus rapide d'arriver à une solution provisoire, qui peut, il est vrai, rester définitive, mais qui, au point de vue théorique laisse intact le fond du débat.

Peut-on donner la même explication en notre matière ? Cujas l'a admise : *Interdictum fraudatorium revocat possessionem ; interdicta omnia sunt de possessione non de proprietate ; ergo interdictum fraudatorium est de possessione* [1]. Pothier dit de même : *In interdicto patet illud venire ut restituatur possessio rei in frudem creditorum alienatæ* [2]. Ainsi l'interdit ne résout que la question de fait relative à la possession.

On a été plus loin et on a vu une grande différence dans les moyens de preuve à fournir. Dans l'interdit les demandeurs devraient prouver qu'il y a eu fraude et que leur débiteur était en possession ; dans l'action ils doivent établir également la fraude et de plus le droit de *propriété* de leur débiteur. Ainsi grande différence : pour l'interdit, il suffit de prouver la possession ; pour l'action, il faut prouver le droit de propriété.

Il n'est pas facile d'admettre que les créanciers

[1] Sur la loi 96. De solut.
[2] Pand. hoc tit., art. 4 in fine.

fussent dans la nécessité de prouver le droit de propriété de leur débiteur; le préteur en dispense le *dominus* lui-même dans l'action Publicienne et cette preuve est bien plus difficile pour des personnes étrangères.

Et puis, quelle raison pourrait-on donner pour justifier cette sévérité? C'est se mettre en opposition avec la règle générale que nous avons déjà citée : *Sciendum est ex hac restitutione fieri in pristinum statum*; peu importe que le débiteur soit propriétaire ou simple possesseur.

Mais laissons cette question de preuve de côté : Cujas et Pothier nous disent : *Interdicta omnia sunt de possessione, ergo interdictum fradutorium est de possessione.* Cet argument d'analogie a une très-grande force; on peut cependant y répondre par un texte. Si l'interdit n'a trait qu'à la possession, il ne peut s'appliquer qu'aux choses qui en sont susceptibles. Nous savons que le tuteur avait un très large pouvoir d'administration; supposons qu'il délègue à un de ses créanciers un débiteur du pupille, il y a paiement; ce débiteur sera libéré à condition qu'il n'ait pas pris part au concert frauduleux qui a pu exister entre le tuteur et son créancier [1]. Mais s'il est coupable de dol, sa dette n'est pas éteinte. Que décider à l'égard du créancier payé? Il faut distinguer suivant qu'il a pris part ou non à la fraude du tuteur. Est-il de mauvaise foi, il y aura lieu contre lui à l'interdit fraudatoire, et cependant il s'agit là d'obligation, or, en

[1] L. 96. De solut. Dig. 46-3.

pareille matière, il n'y a pas de possession véritable. En présence de ce texte la doctrine de Cujas et de Pothier semble difficile à soutenir.

L'interdit fraudatoire tranche donc la même question que l'action Paulienne. Dès-lors comment Cujas a-t-il pu dire : *Interdicta omnia sunt de possessione?* La doctrine enseignée par le grand romaniste français n'est pas exacte ; les interdits se divisent en deux classes. Paul nous dit : « *Quædam interdicta rei persecutionem continent veluti de itinere actuque privato : nam proprietatis causam continet hoc interdictum.* »

Comment expliquer maintenant la coexistence de ces deux moyens d'action ? Nous dirons que le préteur a d'abord donné un interdit et que l'action Paulienne n'a été créés que plus tard. A partir de cette époque l'interdit a dû être moins employé que l'action, car il ne présentait pas les mêmes avantages quant à la restitution des fruits, mais il ne fut pas supprimé. Il est admis aujourd'hui que l'interdit a été le premier essai du droit prétorien [1].

La même question se pose à propos des deux actions Pauliennes, l'action personnelle et l'action réelle, dont nous avons admis la coexistence.

L'action personnelle a un cercle d'application bien plus étendu que l'action réelle ; l'action réelle n'a trait qu'aux aliénations, l'action personnelle porte sur toute sorte d'actes. La première a un grand avantage, elle ressemble beaucoup à la *rei vindicatio*, le

[1] Doneau. Comm. de jure civili. — lib. XXIII, cap. 18 n° 14.

demandeur obtient donc la restitution de la chose quel que soit l'état des affaires du défendeur, tandis que le demadeur à l'action personnelle ne se présentant qu'à titre de créancier doit subir la loi commune et se contenter d'un dividende si l'adversaire est en déconfiture. Les deux actions sont arbitraires, mais il y a, à ce point de vue, une différence importante [1]. *L'arbitrium* du juge sur l'action réelle est exécutoire *manu militari*, il en est différemment quand il s'agit de l'action personnelle. *L'arbitrium* en effet n'est exécutoire *manu militari* que s'il s'agit de lever un obstacle de fait, non s'il faut lever un obstacle de droit; or quand il s'agit de l'action personnelle le juge ordonne à l'autre partie non seulement de rendre la chose, mais d'en retransférer la propriété par *mancipatio*, *in jure cessio* ou tradition, ce résultat ne peut être obtenu *manu militari*.

L'action réelle ne peut être intentée que contre une personne qui possède ou a cessé par dol de posséder; l'action personnelle n'exige pas du tout ces conditions. Ainsi, supposons un donataire de bonne foi qui a aliéné la chose, l'action réelle n'est pas possible contre lui parce qu'il ne possède pas et qu'il a cessé sans dol de posséder, il sera néanmoins soumis à l'action personnelle dans les limites de son enrichissement.

[1] Je n'ai pas à traiter ici la question de savoir si l'arbitrium judicis était au temps classique exécutoire, manu militari. J'admets l'affirmative malgré l'opinion de M. de Savigny, mais conformément à celle de M. Pellat. Propriété et usufruit, p. 367 et suiv. 2e édition. V. aussi. M. Demangeat, op. citato. T. 2, p. 587 et 588.

On peut croire que l'action réelle peut être intentée contre tout possesseur ; et, en effet, l'aliénation étant annulée par le préteur, les créanciers se trouvent dans une situation analogue à celle du demandeur à la *rei vindicatio*. Néanmoins, cette différence me semble difficile à admettre. L'action Paulienne en effet est toute d'équité, or, on arriverait, en suivant cette voie, à des injustices flagrantes, on sacrifierait des tiers innocents à des créanciers dignes d'intérêt, mais qui pouvaient peut-être éviter la situation dans laquelle ils se trouvent, en demandant des sûretés, ou en prenant des renseignements plus précis sur le compte de leur débiteur. Je serais donc porté à croire que le préteur qui n'accordait jamais la *restitutio in integrum* que *cognita causa*, ne le faisait qu'avec certaines restrictions, ou donnait une *restiutio* conditionnelle avec mission pour le juge d'apprécier les circonstances. Telle est la doctrine que nous avons suivie plus haut. Cela du reste n'a pas lieu de nous étonner. Il est, sans aucun doute, de la *nature* des actions *in rem* d'être données contre tout possesseur mais ce caractère n'est pas de leur *essence*, comme l'a très bien fait remarquer M. de Savigny. [1] Ainsi l'action personnelle *quod metus causa* est intentée contre un défendeur indéterminé, d'un autre côté la *petitio hereditatis*, qui est bien une action réelle n'est donnée que contre ceux qui détiennent *pro possessore* ou *pro herede*.

On peut aussi noter une différence quant à la com–

[1] Traité du droit Romain. T. 5, p. 25 et suiv.

pétence et à la procédure. Au temps classique la règle : *Actor sequitur forum rei*, s'appliquait à toutes les actions, personnelles ou réelles. Théodose II, Valentinien et Arcadius donnèrent aux plaideurs la faculté de saisir le magistrat de la situation ; enfin, Justinien fit de cette permission une condition nécessaire, le magistrat compétent en matière d'action réelle fut celui de la situation du bien [1].

Il nous faut aussi rappeler que le défendeur à l'action réelle doit fournir la caution *judicatum solvi* sous peine de se voir dépouillé des avantages de la possession par l'interdit *quem fundum*.

Comment peut-on comprendre l'existence simultanée de ces deux actions Pauliennes? On est bien d'accord pour en voir la cause dans le développement progressif du droit en notre matière, mais quelle est l'action la plus ancienne? Sur ce point les auteurs sont fort divisés.

Des commentateurs éminents pensent que l'action réelle fut le premier secours donné aux créanciers frustrés. Le préteur n'avait d'abord prévu que les aliénations frauduleuses, plus tard il étendit ce système au moyen de l'action personnelle, et l'action Paulienne *in rem* fut dès lors abandonnée, sinon en droit, du moins en fait.

« En somme, dit M. Ortolan, les créanciers envoyés en possession des biens de leur débiteur ont eu, pour faire révoquer les actes faits en fraude de leurs droits deux sortes d'actions Pauliennes qu'il ne faut pas con-

[1] Fr. Vat. § 326. — Code l. 3 .19- 3. Novelle 69.

fondre l'une avec l'autre: 1° L'action Paulienne *in rem* qui ne s'appliquait qu'au cas d'aliénation et qui n'était autre chose qu'une *rei vindicatio* construite sur une *formula fictitia*; à l'aide de laquelle ils poursuivaient et réclamaient dans les mains de *tout* détenteur les choses aliénées frauduleusement; *celle-ci est sans doute la plus ancienne* et a peut être fini par être moins fréquemment accordée par le prêteur; 2° l'action Pauliana *in personam*, qui s'appliquait à tous les actes frauduleux, et se donnait contre le débiteur, contre les complices de sa fraude, ou contre ceux qui en avaient tiré profit à titre gratuit, même lorsqu'ils ne possédaient plus [1]. »

Mais ce système n'est pas admis par tout le monde. Rappelons tout d'abord que, dans notre opinion du moins, l'action réelle n'a pas lieu contre tout détenteur, et ainsi tombe un très puissant argument présenté par l'autre système; nos adversaires ne peuvent admettre en effet que le préteur ait pu, dans un but d'amélioration, écrire dans son édit une disposition qui serait souvent d'une aussi grave iniquité.

L'argument principal de l'opinion que je suis plus porté à admettre, est le silence du Digeste. Si l'action réelle a précédé l'action personnelle, comment comprendre que le Digeste ne dise pas un mot de l'action réelle et que les Institutes seules en parlent? Il serait tout à fait singulier que dans un ouvrage élémentaire, destiné à donner les premiers éléments du droit, on

[1] M. Ortolan. Explicat. historiq. sur le § 6, de Actionibus. — MM. du Caurroy, Inst. eod. loco. — Fresquet. T. 2, p. 507.

ait précisément parlé d'une action depuis longtemps abandonnée sans s'occuper de celle qui l'avait remplacée... Il serait aussi fort étonnant que Théophile dans sa paraphrase eût répété une aussi grave erreur.

Les rédacteurs des Institutes se seraient-ils laissés égarer par le texte de Gaïus, ce qui leur est arrivé en plusieurs endroits? Non, Gaïus parle des actions fictices et ne dit pas un mot de l'action Paulienne *in rem*[1]. Cette remarque est fort importante et vient bien à l'appui de notre système.

Il est donc probable que le préteur a d'abord créé l'action personnelle, puis, touché de l'insuffisance de ce moyen, il a donné aux créanciers l'action *in rem*, qui leur permettait de recouvrer la chose malgré l'insolvabilité du défendeur, et de faire exécuter *manu militari* l'*arbitrium* du juge[2].

Mais il faut avouer qu'on manque en cette matière de documents certains sur lesquels on puisse s'appuyer; on ne peut invoquer que des probabilités; aucun texte ne jette de lumière sur la question. C'est une véritable affaire d'appréciation personnelle.

[1] Gaïus. C. IV § 34 et suiv.

[2] MM. Demangeat, op. citato. T. 2 p. 518. — Boujcan des Actions, 2 p. 284.

APPENDICE

—

Il nous reste en terminant à dire quelques mots de la loi Ælia Sentia, et à nous demander si elle a ou non précédé l'action Paulienne.

Cette loi date du règne d'Auguste, elle est de l'an 757 de la fondation de Rome ; elle traitait la matière des affranchissements. On en était venu à affranchir en masse ses esclaves pour accroître le nombre de ses partisans, augmenter son cortége funèbre, et la ville se remplissait de citoyens indignes ; plusieurs lois furent rendues pour réprimer cette licence, la loi Ælia Sentia est du nombre. Heineccius prétend qu'elle avait au moins quinze dispositions distinctes. Les plus importantes sont les quatre qui suivent : 1° L'esclave mineur de trente ans affranchi, *sine justa causa a consilio probata*, devient latin Junien ; 2° elle crée la classe des déditices pour les affranchis qui se sont trouvés avant la *manumissio* dans une condition infâmante ; 3° le maître, mineur de vingt ans, ne peut affranchir que moyennant approbation du conseil ; 4° l'affranchissement fait *in fraudem creditorum vel patroni* est nul.

Nous ne nous occuperons que de cette dernière disposition, qui a, comme on le voit, une relation intime avec la matière de l'action Paulienne. La loi Ælia Sentia annule donc l'affranchissement fait *in fraudem creditorum vel patroni.*

In fraudem patroni. Ce cas n'est pas indiqué par les Institutes, ce qui tient sans doute aux innovations introduites par Justinien dans la matière des successions, mais Gaïus et Ulpien en parlent [1]. Si le *libertus* cherche, par des affranchissements frauduleux, à diminuer la part à laquelle son patron a droit dans sa succession, les affranchissements sont déclarés nuls par la loi Ælia Sentia.

In fraudem creditorum. Elle annule également l'affranchissement fait en fraude des créanciers. Mais quelles conditions doivent se trouver réunies pour que l'affranchissement soit frauduleux? Sur ce point il y avait eu controverse. Nous avons encore au Digeste des fragments qui attestent la divergence d'opinions. D'après Gaïus le préjudice était suffisant : « *In fraudem creditorum manumittere videtur, qui vel jam eo tempore quo manumittit solvendo non est, vel datis libertatibus desiturus est solvendo esse; sæpe enim de facultatibus suis amplius quam in his est, sperant homines* [2]. » D'autres comme Papinien et Julien exigeaient outre l'*eventus damni* le *consilium fraudis.* Cette dernière opinion avait triomphé comme nous l'indique Justinien : «*Prævaluisse tamen videtur, nisi*

[1] Gaïus. C. I § 37. Ulpien Regulæ I § 15.
[2] Dig. L. 10, 40-9 Qui et a quibus manumissi liberi.
[3] Dig. L. 79, de Reg. juris. — L. 15. Quæ in fraud. credit.

animum quoque fraudandi manumissor habuerit, non impediri libertatem, quamvis bona ejus creditoribus non sufficiant. — Itaqne tunc intelligimur impediri libertatem, quum utroque modo fraudantur creditores, id est, et consilio manumittentis et ipsa re, eo quod ejus bona non sunt suffectura creditoribus [1]. » Nous avons vu que cette double condition était également nécessaire pour l'exercice de l'action Paulienne.

Quelle était la conséquence de cette fraude ? Elle rendait l'affranchissement nul — *nihil agit* — *impedit libertatem*;—nous avons vu, au contraire, que les autres actes frauduleux étaient seulement révocables. Est-ce à dire que la personne ainsi affranchie restera esclave, sans qu'il soit nécessaire d'agir contre elle ? Non, l'affranchissement n'est même annulé qu'à l'égard des créanciers et non à l'égard de son maître. Les créanciers peuvent renoncer à leur action, et alors l'affranchi restera libre, pourvu que les autres conditions de la *manumissio* aient été observées. Comment expliquer ces expressions ? Nous savons que la liberté avait à Rome un caractère sacré, une fois acquise, elle ne pouvait plus être révoquée. Pour rester fidèle aux principes, le législateur imagina de décider que l'affranchissement en lui-même était nul et que jamais la liberté n'avait été acquise. C'est là un détour qui ne nous étonne pas de la part du législateur romain, nous savons avec quel soin on battit en brêche la loi des Douze Tables tout en s'efforçant de la respecter.

Les créanciers ont-ils le droit de faire révoquer un

1 Instit. L. 1. T. 6 § 3.

affranchissement, quelle que soit sa date? Paul décide qu'ils n'auront action que contre les affranchissements remontant à moins de dix ans [1].

Les différentes dispositions de la loi Ælia Sentia recevaient exception dans un cas; lorsque le débiteur affranchissait un esclave pour en faire son héritier nécessaire [2].

Du reste, cette exception était entendue d'une façon fort étroite ; elle avait été admise afin d'empêcher que la mémoire du défunt fût déshonorée par la vente des biens sous son nom. La présence d'un seul héritier suffisait à empêcher ce résultat ; si donc le testateur a affranchi et institué plusieurs esclaves, le premier seul deviendra libre et héritier nécessaire, et si les deux esclaves portent le même nom, les deux affranchissements seront nuls, *invicem sibi obstant;* dit Paul [3]. (L. 43, 28-5 *De hered. instit.*)

Nous connaissons la date de la loi Ælia Sentia (757 de Rome); mais nous ignorons celle de l'Edit Paulien. Quelle a été la marche de la législation en cette matière?

L'action Paulienne personnelle est antérieure à la loi Ælia Sentia ; elle existait au moins dans les derniers temps de la République. Cujas en trouve la preuve dans un passage de Cicéron [4] : « *Cæcilius, avunculus tuus, a P. Vario, quum magna pecunia*

[1] L. 16 § 3. 40-9. Qui et aquibus manumissi.

[2] Instit. I. 6 § 1.

[3] Pour plus de détails. MM. Demangeat, op. cit. I p. 202 et suiv. — Ortolan Explicat. historique. T. 2, nos 70 et suiv.

[4] Cujas, sur la loi 96, de solutionibus.

fraudaretur, agere cœpit cum ejus fratre Caninio Satrio de iis rebus, quas cum dolo malo mancipio accepisse de Vario diceret[1]. »

C'est donc à tort que certains auteurs ne veulent voir dans l'action Paulienne que la généralisation du système établi par la loi Ælia Sentia pour les affranchissements. On prétend, il est vrai que Cicéron, dans ce passage, a voulu parler non de l'action Paulienne mais de l'action de dol ; cette conjecture n'est pas probable ; remarquons en effet avec quelle exactitude sont rapportées les conditions essentielles à l'action Paulienne : fraude de la part du débiteur, *quum magna pecunia fraudaretur*, complicité de la part du tiers, *quas cum dolo malo*. Et puis l'action de dol est donnée à une personne dont le consentement a été surpris au moyen de manœuvres frauduleuses ; l'action Paulienne a lieu dans des circonstances bien différentes, car les créanciers n'ont pas été partie dans l'acte, il n'y a pas eu vice de consentement. Il faut donc, je crois, admettre avec Cujas que Cicéron a entendu parler de l'action Paulienne et dire que l'action Paulienne personnelle est antérieure à la loi Ælia Sentia.

A quoi bon dès lors la loi Ælia Sentia, l'action Paulienne n'aurait-elle pas suffi à annuler les affranchissements? Nous pouvons répondre que la matière des affranchissements avait reçu à Rome des règles particulières. On peut très-bien admettre que le préteur ait reculé devant la nécessité de remettre en ser-

[1] Lettres à Atticus. I-1.

vitude des personnes affranchies. Le préteur osait toucher à des intérêts pécuniaires, et modifier à ce point de vue les règles du droit civil, mais il est permis de croire qu'il ait hésité à admettre les mêmes principes en présence de la grande faveur due à la liberté.

La loi Ælia Sentia vint combler le vide que le préteur avait laissé ; elle déclara ces affranchissements, non pas rescindables, mais complétement nuls afin de rester fidèle au principe que la liberté une fois acquise ne peut plus être révoquée.

On peut nous faire cette objection : Comment peut-on attribuer au préteur une telle timidité ? Il y a en effet des cas où il sait très-bien révoquer des affranchissements, et cela, contrairement aux règles du droit civil. Supposez qu'une personne affranchisse et institue pour héritier son esclave, en omettant son fils émancipé, le préteur va donner à ce fils la *bonorum possessio contra tabulas testamenti*, et l'affranchissement tombera.

Il est facile de répondre à cette objection. A l'origine, en effet, le préteur ne donnait la *bonorum possessio cum re* que dans deux cas : 1° Lorsqu'elle lui était demandée par les héritiers du droit civil. 2° Lorqu'il n'y avait aucun héritier appelé par le *jus* civile. En dehors de ces deux cas, il accordait bien la *bonorum possessio*, mais *sine re*. Nous répondrons donc qu'à l'époque où la loi Ælia Sentia fut rendue, le préteur n'aurait accordé en pareille circonstance qu'une *bonorum possessio sine re* et aurait par conséquen respecté l'affranchissement.

La marche de la législation en cette matière mérite d'être remarquée. Ordinairement en effet c'est le droit prétorien qui vient compléter le droit civil, le corriger, l'étendre ; ici, au contraire, c'est la loi qui est venue combler les lacunes du droit prétorien.

Ainsi, suivant nous, voici l'ordre probable des différents secours accordés aux creanciers contre la fraude de leur débiteur : furent créés d'abord l'interdit fraudatoire et l'action Paulienne personnelle, puis vint ensuite la loi Ælia Sentia, qui fit ce que n'avait pas osé faire le préteur en annulant les affranchissements frauduleux ; enfin l'action Paulienne *in rem* accorda aux créanciers frustrés les avantages considérables que nous avons signalés en la comparant à l'action personnelle.

SECONDE PARTIE

—

DROIT FRANÇAIS

—

ANCIEN DROIT FRANÇAIS

Avant d'arriver à l'étude de l'action Paulienne sous l'empire de notre législation actuelle, voyons si le droit coutumier de notre ancienne France avait recueilli cet héritage du droit Romain.

Rousseau Delacombe prétend qu'il n'en restait plus de trace : « Nous ne suivons en aucun point les titres D et C *quæ in fraudem creditorum.* — Nos usages sont même contradictoirement opposés aux lois Romaines sur ce point. » Lebrun est beaucoup moins explicite : « Le titre *Quæ in fraud. cred.* n'est pas d'un grand usage parmi nous [1]. »

Il n'en est rien cependant : « Nous prouverions facilement, dit Merlin [2], que ces lois ne sont pas si

[1] Traité des successions. 4-2-1-20.
[2] Questions. — Expropriation forcée, § II.

étrangères à nos usages que l'a prétendu Rousseau Delacombe dans sa jurisprudence civile au mot fraude. » On peut invoquer le témoignage de Rousseau Delacombe lui-même, il ajoute en effet : « Nous accordons au créancier la faculté d'accepter à ses risques et périls une succession ou un legs auxquels un débiteur a renoncé contre la loi 6, *quæ in fraud. cred.*, et la loi 134 *de regulis juris.* » — Or cette faculté ne peut être sonsidérée que comme une extension du système Romain.

Domat, du reste, a consacré un titre entier de son traité des lois civiles à l'étude de l'action Paulienne [1]. Pothier n'en a pas fait l'objet d'un travail spécial, mais il en parle dans de nombreux passages auxquels nous aurons occasion de nous reporter.

L'action Paulienne était donc admise dans notre ancien droit, on avait même élargi le cercle de ses applications. Dumoulin pensait qu'il fallait appliquer la théorie Romaine en matière de renonciation à succession, mais son opinion n'avait pas prévalu ; Lebrun, Domat, professaient le système contraire, et Pothier n'hésite pas à s'y ranger : « Lorsqu'un débiteur insolvable refuse d'accepter une succession opulente en fraude de ses créanciers pour empêcher qu'ils ne soient payés sur les biens qui lui reviendraient de cette succession, les créanciers sont reçus à l'accepter pour lui [2]. » L'art. 178 de la coutume de Normandie leur accorde expressément ce droit.

[1] L. 2. T. 10.

[2] Tr. des success. ch. 3, sect. 3, art. 1 § 2. — Lebrun, tr. des success., II, ch. 2, sect. 2, art. 42. — Le nouveau Denizart, v° fraude, § 16, successions.

Lebrun et Pothier permettaient aux créanciers de faire tomber l'acceptation frauduleuse d'une succession obérée.

Fallait-il autoriser les créanciers à attaquer la renonciation frauduleuse à la communauté ? Lebrun pose la question sans la résoudre, mais Ferrières et Pothier n'hésitent pas à donner dans cette espèce la même solution que pour la renonciation à succession [1].

L'art. 42 de l'ordonnance de 1747 permit aussi aux créanciers de faire tomber les renonciations anticipées aux fideicommis.

L'action Paulienne passa donc dans notre ancien droit, et y reçut même des développements. Fallait-il pour ces cas nouveaux appliquer les principes Romains dans toute leur rigueur ? Devait-on toujours exiger la fraude, le simple préjudice ne suffisait-il pas à ouvrir l'action révocatoire ? Sur ce point, les jurisconsultes de notre ancienne France étaient loin d'être d'accord. Boutaric, de Serres, Furgole, prétendaient que le préjudice devait suffire quand il s'agissait d'une renonciation purement gratuite à un legs, une succession, un usufruit ; la nature même de l'acte dispensait à leurs yeux les créanciers de prouver la fraude de leur débiteur ; l'ordonnance de 1747 était, disait-on, conçue dans cet esprit.

Ricard et Pothier repoussaient cette distinction et exigeaient toujours la preuve de la fraude. Cette controverse n'a pas cessé sous l'empire du Code, nous la

[1] Pothier. Traité de la Communauté, nº 533.

retrouverons en étudiant les conditions d'application de l'action Paulienne.

Nous partagerons l'étude de notre seconde partie en huit chapitres :

Premier chapitre. — A quels actes s'applique l'action Paulienne?

Deuxième chapitre. — Actes qui n'y sont pas soumis.

Troisième chapitre. — Conditions d'application.

Quatrième chapitre. — Contre qui elle s'exerce?

Cinquième chapitre. — Qui peut l'intenter ?

Sixième chapitre. — Quelle est sa nature ?

Septième chapitre. — Quels sont ses effets ?

Huitième chapitre. — Quelle est sa durée ?

Nous ajouterons deux appendices.

Premier appendice. — Tierce opposition.

Deuxième appendice. — Droit commercial.

PREMIER CHAPITRE

A quels actes s'applique l'action Paulienne

Nous avons vu dans l'introduction que les créanciers ont sur les biens de leur débiteur une sorte de droit de gage pour assurer le recouvrement de ce qui leur est dû. Ce principe est écrit dans les art. 2092 et 2093 du Code Napoléon. Nos lois accordent aux créanciers deux actions qui servent de garantie à ce gage imparfait. Elles les protégent contre la négligence de leur débiteur en leur permettant d'exercer les droits et actions qui lui appartiennent (art. 1166) ; et, tout en respectant sa liberté d'administration, elles empêchent qu'il ne diminue son patrimoine en fraude de leurs droits.

Cette seconde action est l'action Paulienne, nom qu'elle ne porte pas dans notre législation, mais que la doctrine lui a conservé par souvenir de son origine Romaine. L'art. 1167 de notre Code Napoléon est ainsi conçu : « Les créanciers peuvent aussi, en leur nom personnel, attapuer les actes faits par leur débiteur en fraude de leurs droits. Ils doivent néanmoins, quant à leurs droits énoncés au titre des successions et au titre du contrat de mariage et des droits respectifs des époux, se conformer aux règles qui y sont prescrites. »

Les termes de cette disposition sont parfaitement larges. Tout acte nuisible aux créanciers, pourvu qu'il réunisse du reste les conditions que nous étudierons plus bas, tombe sous le coup de cette action révocatoire; peu importe qu'il s'agisse de paiement, de remise de dette, de donation, d'aliénation, d'obligation.

Les jurisconsultes Romains distinguaient avec grand soin les actes par lesquels on diminue son patrimoine de ceux qui ne constituent qu'un refus d'acquérir. Les premiers seuls étaient révoqués par l'action Paulienne, quant aux autres, on les respectait. Les biens, qu'on refuse d'acquérir, n'ont jamais, disait-on, fait partie du patrimoine du débiteur, comment pourraient-ils se plaindre d'un acte qui ne les enrichit pas, il est vrai, mais qui n'amoindrit pas leur gage?

Faut-il encore faire aujourd'hui la même distinction ? Des auteurs considérables tiennent pour l'affiamative ; il s'appuient sur l'autorité des précédents [1]. Cette distinction était universellement admise à Rome et le Code ne semble pas l'avoir abrogée.

On fait à ce système une objection grave : le Code n'a pas repoussé cette distinction d'une façon formelle, mais ne l'a-t-il pas fait d'une manière indirecte? L'art. 788 permet aux créanciers de faire tomber la renonciation à une sucession ; or cette décision est, comme nous l'avons vu, tout-à-fait contraire à la théorie romaine [2]. On nous répond que cette décision s'explique parfaitement par le changement des principes non de l'action Paulienne mais de l'acquisition des successions : « Par le droit romain, dit Boutaric [3], celui à qui un legs est fait ou à qui une succession est déférée, peut refuser d'accepter ce legs ou cette succession sans que les créanciers puissent plaindre, l'action Paulienne, qui révoque les actes faits en fraude, ne regardant point ceux qui refusent une occasion d'acquérir, mais ceux-là seulement qui diminuent leur patrimoine : *Pertinet edictum ad deminuentes patrimonium suum,*

[1] MM. Marcadé, art. 1167 n° 3. — Mourlon Répét. écrites. art. 1167.

[2] Voir entre autres la loi 6 § 2. Quæ in fr. crédit. Dig. 42-8.

[3] Instit. p. 535.

non ad eos qui agunt ne locupletentur ; mais il en est autrement parmi nous, ce qui a été sans doute établi comme une suite de cette maxime générale du royaume par laquelle *le mort saisi le vif.* » Voici donc le raisonnement. En droit Romain l'héritier externe n'est pas saisi de la succession, il n'en acquiert les biens que par l'adition ; renoncer à la succession, ce n'était donc pas diminuer son patrimoine puisqu'elle n'en faisait pas partie. En droit Français au contraire l'héritier devient propriétaire et continuateur de la personne par le fait même de l'ouverture de la succession, il peut y renoncer sans doute ; mais, par cette renonciation, il rejette une chose qui comptait déjà dans ses biens, un droit acquis. Il y a donc eu sur ce point un changement incontestable des principes, et ce changement entraînait comme conséquence la décision de notre art. 788 sans qu'on ait besoin de supposer une modification dans les règles d'application de l'action Paulienne. Le seul changement véritable est qu'à Rome on était héritier sous condition suspensive tandis que chez nous on est héritier sous condition résolutoire.

Ce raisonnement, quelque ingénieux qu'il soit, ne me semble pas suffisant, et nous y répondrons par les jurisconsultes romains eux-mêmes. L'action Paulienne n'était pas admise à Rome contre la répudiation d'un legs [1], et cependant, d'après l'opinion des Sabiniens qui avait prévalu, le légataire devenait propriétaire par le fait même de l'adition de la part de l'héritier.

[1] L. 6 § 4. Quæ in fraud. credit.

Il était lui aussi propriétaire sous condition résolutoire, comme l'héritier français, et cependant les créanciers restaient impuissants devant une pareille renonciation.

Le changement introduit par notre loi des successions n'est donc pas suffisant à lui seul pour expliquer l'art. 788, et il faut admettre que le législateur français a renoncé à la distinction romaine [1].

L'art. 2092 fait porter le gage des créanciers tant sur les biens à venir que sur les biens présents. Zachariæ s'appuie sur cet article pour prouver que le Code n'admet pas la distinction romaine ; il entend par *biens à venir* non-seulement ceux qui seront réellement acquis par le débiteur, mais encore tous ceux qui luiadviendraient dans la suite, s'il n'y avait de sa part refus d'acquérir. Je pense avec Zachariæ que tel est l'esprit du Code, mais je ne m'appuie pas sur l'art. 2092 ; je crois même qu'invoquer cette disposition, c'est faire une véritable pétition de principe. Pour prouver que l'action Paulienne doit être admise, on affirme que ces biens sont compris dans le patrimoine du débiteur ; mais c'est précisément ce qu'il faut démontrer. L'argument ne serait solide qu'à une condition ; il faudrait prouver que le législateur a pris les mots *biens à venir* dans le sens large qu'on leur prête ; or on peut leur donner une signification beaucoup plus étroite, et ne les entendre, comme le fait Marcadé, que des biens qui appartiendront réelle-

[1] En ce sens, MM. Toullier, VI, nos 369 et 370. — Duranton, X, nos 569 et 570. — Aubry et Rau sur Zach. § 313, p. 89, uote 12.

ment au débiteur par la suite. Invoquer l'art. 2082, c'est donc, à mon avis, répondre à la question par la question elle-même.

Mais si nous ne pouvons nous appuyer sur cette disposition, reste l'art. 788 qui ne peut s'expliquer, d'après nous, que par un changement de doctrine. Il ne faut donc plus distinguer les actes par lesquels le débiteur diminue son patrimoine de ceux par lesquels il refuse de l'angmenter. Je ne crois pas qu'il faille en faire reproche à notre législateur ; la théorie Romaine était un peu subtile et aboutissait à un résultat que je ne puis trouver équitable ; c'était sacrifier les créanciers au profit de tiers qui ne devaient pas s'attendre à un pareil avantage et qui étaient peut-être complices de la fraude.

La même loi Romaine (L. 6 § 1) refuse l'action Paulienne au cas où le débiteur n'accomplit pas la condition mise à sa créance. C'est là une décision que je trouve regrettable et que je suis fort heureux de pouvoir repousser. N'y a-t-il pas là une véritable donation indirecte ? Pourquoi la traiter mieux qu'une donation directe ? N'est-elle même pas plus dangereuse ? Nous admettons en pareille hypothèse l'action révocatoire.

Nous venons de voir l'action Paulienne admise par notre Code contre la renonciation frauduleuse à une succession, que décider quant à l'acceptation ? Si le débiteur accepte une succession obérée, ses créanciers vont peut-être souffrir un préjudice considérable, puisque les créanciers héréditaires viendront en concours avec eux sur les biens du débiteur commun, peuvent-ils faire tomber cette acceptation si elle est entachée de fraude? L'affirmative ne me semble pas douteuse, Pothier et Lebrun sont formels ; voici ce qu'en dit Pothier : « Si un débiteur insolvable acceptait une succession notoirement mauvaise, de manière qu'il parût qu'il l'a fait en fraude de ses créanciers, je pense que ce serait le cas auquel les créanciers pourraient demander la séparation de ses propres biens d'avec ceux de la succession en faisant rescinder cette acceptation, et l'obligation contractée par leur débiteur, en fraude de leurs créances, envers les créanciers de la succession ; *car tout ce qu'un débiteur fait en fraude de ses créanciers peut être rescindé*, même les obligations qu'il contracte [1]. »

Rien n'indique que le Code ait entendu déroger à des précédents aussi fermement assis. On peut cependant faire deux objections. L'art. 788 ne parle que de la renonciation, n'en peut-on pas tirer un argument *a contrario* très-puissant? Non, le Code s'est exprimé formellement, afin de lever le doute qu'aurait pu faire naître la théorie Romaine.

Mais accorder l'action Paulienne, c'est donner aux créanciers de l'héritier le bénéfice de la séparation des patrimoines, c'est aller directement contre l'art. 881. Cette objection n'a pas arrêté Pothier, et avec toute raison; autre chose est en effet l'action Paulienne, autre chose la séparation des patrimoines. L'action Paulienne exige la fraude; on peut reprocher aux

[1] Pothier. Successions, ch. V, art. 4. — Lebrun. Success. l-IV, ch. 2, sect. 1.

créanciers d'avoir suivi la foi d'un homme négligent ou incapable, mais la fraude ne peut se prévoir à l'avance, et il serait injuste de leur en faire supporter les conséquences [1].

L'action Paulienne est admise contre l'acceptation et la renonciation frauduleuses à une succession, nous donnerons la même solution s'il s'agit d'une communauté. L'art. 1464 accorde expressément ce recours aux créanciers de la femme renonçante ; comme l'art. 788 il est muet sur le cas d'acceptation. Il semble *a priori* que la femme, grâce au bénéfice de compétence, ne souffrira jamais de cette acceptation. On peut cependant trouver des cas où elle soit en perte : supposons qu'elle ait stipulé pour le cas de renonciation le droit de reprendre son apport franc et quitte ou un préciput considérable; il est même une espèce où le bénéfice de compétence cesse dans l'opinion de beaucoup d'auteurs, c'est le cas de l'art. 1524.

L'acceptation de la communauté peut donc constituer la femme en perte, accorderons-nous l'action Paulienne, s'il y a eu fraude? Bien que des auteurs considérables soutiennent la négative [2], je crois l'affirmative mieux fondée. Nous avons vu la généralité des termes de l'art. 1167, l'argument *a contrario* tiré de l'art. 1464 suffit-il à fonder une exception? Je ne le pense pas, on peut expliquer autrement le silence

[1] MM. Duranton VII n°s 502 et 503. — Demante III, n° 108 bis 4, Marcadé, art. 788-3. — Aubry et Rau sur Zach. V, § 611, note 55.

[2] MM. Toullier XIII, n° 203. — Troplong. Contr. de mariage, n° 1529.

de la loi, par le peu d'application que l'action Paulienne recevra en notre matière. Nous avons encore l'opinion bien formelle de Pothier, et ce précédent est du plus grand poids [1].

Le débiteur en renonçant à un usufruit diminue son patrimoine, puisqu'il se prive jusqu'à sa mort de revenus peut-être considérables. Les créanciers ont droit de faire tomber cette renonciation, si elle est entachée de fraude (art. 622).

Il en est de même de la restitution que le grevé de substitution fait aux appelés avant l'arrivée du terme ou de la condition (art. 1053).

Le Code Napoléon accorde enfin l'action Paulienne contre la renonciation à prescription (art. 2225); mais cet article soulève de graves difficultés dont nous nous occuperons plus bas.

Le législateur a pris la peine d'accorder expressément l'action Paulienne dans plusieurs cas que nous venons de passer en revue. Ces dispositions étaient inutiles, car elles ne font qu'appliquer le principe général posé dans l'art. 1167; elles sont même regrettables, nous verrons en effet que la différence de rédaction de ces divers articles a soulevé des controverses fort sérieuses et donné lieu à plusieurs systèmes qui divisent encore aujourd'hui les auteurs.

Rappelons en terminant que les art. 622, 788 et autres ne doivent pas être entendus d'une façon limitative, ce ne sont là que des exemples. La règle qui domine la matière est écrite dans l'art. 1167 et elle

[1] Poth. Tr. de la Comm. nos 391 et 559. Aubry et Rau sur Zach. § 517, p. 352.

est tout-à-fait générale : Tout acte par lequel le débiteur porte atteinte au gage de ses créanciers est sujet à révocation de leur part, pourvu que les diverses conditions de l'action Paulienne se trouvent réunies.

SECOND CHAPITRE

Actes non soumis à l'action Paulienne.

L'action Paulienne a pour but de garantir le gage des créanciers ; or on ne peut comprendre dans ce gage les droits exclusivement attachés à la personne du débiteur. Nous ferons donc dans l'art. 1167 la même réserve que le législateur a formellement écrite dans l'art. 1166.

Quels sont ces droits ? Il est difficile d'en donner une définition exacte ; les créanciers ne peuvent agir en ce qui concerne le droit de puissance paternelle, de puissance maritale, l'état de leur débiteur, etc., mais ces droits ne sont pas des droits pécuniaires, ils sont donc tout à fait en dehors des art. 1166 et 1167, et on ne peut les comprendre dans l'exception.

On peut citer comme exemples de droits exclusivement attachés à la personne : le droit de demander la séparation des biens (art. 1446), de faire révoquer une donation pour cause d'ingratitude, d'exercer le retrait successoral, de demander des dommages-intérêts pour blessures, injures, etc., les droits d'usage et d'habitation.

La renonciation à l'usufruit paternel peut-elle être révoquée par l'action Paulienne? Je crois qu'il faut distinguer entre la renonciation directe et celle qui n'est que la conséquence de l'émancipation. La renonciation directe est soumise à l'action révocatoire, il faut appliquer l'art. 622; la renonciation indirecte au contraire n'y est pas soumise; qu'a fait le père? Il a renoncé à la puissance paternelle, voilà tout; or cette renonciation ne peut pas être atteinte par l'action des créanciers. Elle entraîne bien comme conséquence la perte de l'usufruit, mais les créanciers n'ont pas le droit de s'en plaindre; ils ne se trouvent pas en effet en présence de deux actes distincts, l'émancipation et la renonciation à l'usufruit, mais en présence d'un acte unique, l'émancipation. Or ils sont impuissants devant cette abdication de l'autorité paternelle, ils doivent donc la respecter avec toutes les conséquences qu'elle entraîne. Ce raisonuement, on ne peut plus le faire, lorsqu'il s'agit d'une renonciation directe [1].

L'art. 1167, dans son second alinéa, indique deux exceptions : « Néamoins ils doivent, quant à leurs droits énoncés au titre des successions et au titre du contrat de mariage et des droits respectifs des époux, se conformer aux règles qui y sont prescrites. »

Cherchons ces dérogations faites par le législateur aux règles ordinaires de l'action Paulienne.

[1] MM. Proudhon. Uusufruit, 2399. — Toullier VI, n° 368. — Demolombe, VI. 594. — En sens contraire : Merlin. Questions. Usufruit paternel, § 1.

Le titre des successions semble bien nous fournir la première dans l'art. 882 ainsi conçu : « Les créanciers d'un co-partageant, pour éviter que le partage ne soit fait en fraude de leurs droits, peuvent s'opposer à ce qu'il y soit procédé hors de leur présence ; ils ont le droit d'y intervenir à leurs frais ; mais ils ne peuvent attaquer un partage consommé, à moins toutefois qu'il n'y ait été procédé sans eux, et au préjudice d'une opposition qu'ils auraient formée. »

On comprend quels dangers courent les créanciers dans un partage. Tel débiteur déshonnête peut s'arranger avec des copartageants complaisants pour faire un partage inégal, qu'on corrigera en cachette par des donations manuelles. Les créanciers se trouveraient ainsi gravement atteints, et leur débiteur pourrait mettre en réserve une petite fortune en attendant des jours meilleurs, ou le moment favorable pour faire faillite. Notre article commence par donner aux créanciers le moyen d'empêcher de pareilles fraudes ; ils peuvent s'opposer à ce qu'on procède au partage hors de leur présence, et y intervenir. Ont-ils fait opposition, ils pourront attaquer le partage qu'on aurait fait sans eux. Si, au contraire, ils n'ont pas fait opposition, ils ne peuvent faire tomber le partage consommé hors de leur présence, fût-il entaché de fraude. C'est ainsi que j'entends l'art. 882, et on comprend parfaitement dans ce système l'exception faite par le législateur à la fin de l'art. 1167 et son renvoi au titre des successions.

Tel semble bien être le sens de l'art. 882 ; il s'agit de l'action Paulienne puisqu'il parle de partage frauduleux, et en rapprochant cette disposition de l'art. 1167, il est difficile de ne pas y voir l'exception annoncée; après avoir supposé un partage fait en fraude, le législateur défend aux créanciers d'agir.

M. Bigot-Préameneu s'est, du reste, expliqué d'une façon fort nette à cet égard à propos de l'art. 1167; voici ses propres paroles : « Il faut encore, pour que les contrats ne puissent nuire aux tierces personnes, que les créanciers aient le droit d'attaquer en leur nom les actes faits en fraude de leurs droits. On n'a cependant pas voulu que les créanciers pussent troubler le repos des familles en attaquant, comme frauduleux, certains actes qui sont nécessaires, actes qu'ils ne sont pas censés ignorer, et dans lesquels on leur donne seulement le droit d'intervenir pour y défendre leurs droits; ces cas sont prévus dans le Code Civil. Tel est celui d'un cohéritier dont les créanciers peuvent s'opposer à ce qu'il soit procédé hors de leur présence au partage des biens de la succession qu'il recueille, et y intervenir à leurs frais, mais sans avoir le droit d'attaquer le partage lorsqu'il est consommé, à moins qu'on eût procédé sans égard à une opposition qu'ils auraient formée. »

On ne peut imaginer de langage plus formel. Notre cas est spécialement prévu et il est indiqué comme exception à l'art. 1167 par l'un des rédacteurs de notre Code. Quoi de plus décisif? Il ne s'agit pas là d'une discussion au conseil d'Etat ou au tribunal, ces paroles ont été dites devant le Corps législatif, qui allait voter la loi.

Les motifs sont également très-clairs; on a voulu

protéger la famille. Les partages sont une cause très-fréquente de procès, le législateur a voulu en diminuer le nombre, il a voulu tarir au moins les sources étrangères de difficultés. N'a-t-il pas consacré en notre matière une des règles les plus exorbitantes de notre droit, le retrait successoral ? Il est aussi fort désirable au point de vue de la richesse publique que la fortune privée soit solidement assise.

On nous objectera peut-être qu'il est fort heureux en effet de tarir les procès et d'assurer la fortune publique en protégeant la fortune privée, mais qu'il ne faut pas arriver à de bons résultats en favorisant la fraude et en ruinant les créanciers. Je ne crois pas que le législateur mérite un pareil reproche ; sans doute la fraude n'a droit à aucune indulgence, mais les créanciers n'ont-ils rien à se reprocher ? Pourquoi n'avez-vous pas fait opposition ? Si vous ne savez pas veiller à vos intérêts, supportez-en les conséquences ; les créanciers ont dans l'opposition le moyen de se garantir, qu'ils en usent. Aussi admettrons-nous parfaitement avec M. Duranton, les créanciers à agir si leur débiteur les a empêchés par sa précipitation de faire opposition en temps utile ; dans ce cas on ne peut leur reprocher aucune négligence, à l'impossible nul n'est tenu.

Le législateur a donc protégé le repos des familles et permis à la propriété de s'asseoir d'une façon stable sans qu'on puisse lui reprocher d'injustice envers les créanciers ; ils n'ont véritablement à souffrir que s'ils se trouvent eux-mêmes en défaut.

Tel est le système auquel je me range [1] il semble avoir pour lui et le texte de la loi et son esprit, tel qu'il ressort des paroles de M. Bigot-Préameneu. Il n'est cependant pas suivi d'une façon unanime, plusieurs autres systèmes ont été proposés.

On a prétendu que dans notre art. 882 il n'était pas question de partage frauduleux ; voici le sens de cette disposition : Les créanciers peuvent s'opposer à ce qu'un partage ait lieu hors de leur présence ; s'ils n'ont pas fait opposition, ils ne peuvent se plaindre d'un partage qui leur serait *préjudiciable* ; en cas de fraude il faut admettre l'action Paulienne conformément au principe de l'art. 1167 [2]. On invoque en ce sens le texte et l'esprit de la loi. Le texte : l'art. 882, en effet, ne parle de fraude que dans les premiers mots de l'article, et encore n'ont-ils rien de décisif ; la fin ne suppose aucunement la fraude et c'est précisément cette partie de l'article qui refuse aux créanciers le droit de se plaindre. L'esprit de la loi : il y aurait grave injustice à laisser les créanciers désarmés devant la fraude de leur débiteur.

Ces arguments ne sont pas très solides. Il serait singulier que l'art. 882 supposât au commencement un partage frauduleux et *in fine* un partage simplement préjudiciable, sans que rien dans son texte indiquât ce changement d'idées. Quant à l'esprit de la loi

[1] Toullier IV, n° 563. — Demante III, n° 224. — Marcadé art. 882. Duranton, VII, n° 509.

Douai, 15 novembre 1851. — Caen 24 avril 1863.

[2] Nous trouvons en ce sens un certain nombre d'arrêts assez anciens : — Toulouse, 21 mai 1827. — Bordeaux, 11 juillet 1834. — Paris, 10 Juillet 1839.

nous le croyons tout à fait contraire à cette opinion, et nous en avons donné les motifs. Et puis, que devient l'exception de l'art. 1167, si l'art. 882 rentre dans la règle commune ? A quoi sert la seconde partie de l'art. 882 ? La première phrase suffisait ; il est de principe en effet que les créanciers doivent supporter les conséquences des actes passés par leur débiteur de bonne foi, quel que soit le préjudice qu'ils en ressentent. Or, on ne peut admettre aisément que le législateur fasse des dispositions inutiles.

Dans un second système on accorde bien que l'art. 882 suppose un partage frauduleux, mais on distingue : les cohéritiers sont-ils de bonne foi, les créanciers n'ont aucune ressource ; s'il y a eu collusion, ils peuvent intenter l'action paulienne [1]. Que les créanciers ne puissent attaquer le partage quand les cohéritiers sont de bonne foi, on le comprend, ce serait faire tomber la peine sur des tiers innocents alors que les créanciers ont fait preuve de négligence ; mais si les cohéritiers sont eux-mêmes complices de la fraude, il n'y a aucune raison pour admettre un pareil tempérament.

Ce système, malgré les graves autorités sur lesquelles il s'appuie, ne me séduit pas plus que le précédent. Comment faire une pareille distinction dans l'art. 882 ? Je crois que cette interprétation aboutit à faire la loi. On s'appuie sur des motifs d'équité, on prétend que refuser l'action dans ce cas, *ce serait vio-*

[1] MM. Aubry et Rau sur Zach, § 626, n° 43. — Vazeille, sur 882.
Lyon, 17 février 1854.

ler tous les principes de morale et de justice; je n'en crois rien et telle n'a pas été l'appréciation de M. Bigot.

Du reste l'art. 882 ne se comprend pas plus dans ce système que dans l'autre. Si tel est le sens qu'il faut lui donner, il était tout à fait inutile d'écrire cette disposition dans la loi et la restriction posée dans l'art. 1167 n'a plus lieu d'être. Le partage, en effet, est un acte à titre onéreux ; or, l'action Paulienne n'est possible à l'égard des actes à titre onéreux que si les tiers contractants sont complices. Exiger la complicité des cohéritiers, c'est donc rentrer non dans l'exception mais dans la règle générale de l'art. 1167, et rendre vaine la disposition de l'art. 882.

Dans un quatrième système on a proposé une autre distinction. L'art. 882 ne refuserait le droit d'attaquer le partage qu'aux créanciers hypothécaires dans le cas prévu par l'art. 865 ; ce système a une base trop fragile pour pouvoir être admis.

Faut-il appliquer notre art. 882 au partage de la communauté ? Je le pense, l'art. 1476 à propos de la dissolution de la communauté renvoie pour les effets du partage, la garantie etc.; aux règles du titre des successions. La loi semble donc être formelle, et les motifs sont identiques [1].

Etendrons-nous l'art. 882 au partage de société ? Je ne le pense pas ; notre article fait, nous le savons, exception aux règles d'exercice de l'action Paulienne; il faut donc l'entendre d'une façon étroite, d'autant

[1] Proudhon. Usufruit IV 2377. — Zachariæ T. II n° 20.

plus que les motifs qui l'ont dicté, font défaut. L'art. 1872 s'exprime du reste d'une façon moins large que l'art. 1476 [1].

Nous venons de voir une exception aux principes qui régissent l'action Paulienne, mais l'art, 1167 en indique une seconde, car il renvoie et au titre des successions, et au titre du contrat de mariage : quelle est cette seconde exception? Elle est plus difficile à trouver.

Proudhon a cru la voir dans l'art. 1446 ; mais c'est là une erreur évidente, qui étonne de la part d'un jurisconsulte aussi éminent ; l'art. 1446 refuse aux créanciers de la femme le droit de demander la séparation de biens, il ne s'agit nullement d'une action en révocation. Le législateur n'a pas voulu que les créanciers pussent s'ingérer dans les affaires du ménage, en troubler l'ordre et la bonne harmonie par une aussi grave demande ; l'art. 1446 en défendant aux créanciers d'agir en séparation de biens au nom de leur débiteur déroge au principe non de l'art. 1167 mais de l'art. 1166.

Quelle est donc cette seconde exception ? On ne la trouve pas dans le titre du contrat de mariage à moins qu'on ne la voie dans l'application de l'art. 882 au partage de la communauté. (Art. 1476 et 882 combinés).

On peut encore la trouver dans les art. 872 et 873 du Code de Procédure civile. Lorsque la femme qui a obtenu la séparation de biens accomplit certaines for-

[1] MM. Troplong. Traité des Sociétés II n° 1061. — Duvergier Sociétés n° 475. — Aubry et Rau § 313 n° 30.
C. Cassation. Ar. de rejet, 21 novembre 1834.

malités, l'art. 873 du Code de Procédure civile ne donne aux créanciers qu'un an pour agir contre le jugement. C'est là une dérogation aux règles concernant la durée de l'action Paulienne, le délai étant ordinairement de trente ans. Nous aurons occasion de revenir sur ces articles du Code de Procédure civile.

Il est une classe d'actes qui ne sont jamais soumis à l'action Paulienne, il en était déjà ainsi en droit Romain, ce sont les dispositions testamentaires. Nous connaissons la règle : *Nemo liberalis nisi liberatus* — des jurisconsultes du plus grand poids refusent de l'appliquer à l'égard de l'héritier acceptant, mais elle est toujours vraie à l'égard des créanciers. Les libéralités testamentaires ne sont payées que sur l'excédant de l'actif comparé au passif ; les créanciers n'ont donc rien à craindre des dispositions testamentaires ; puisqu'ils ne souffrent aucun préjudice, il ne peut être question d'action révocatoire.

Etudions maintenant les conditions nécessaires pour que l'action Paulienne puisse être intentée avec succès.

TROISIÈME CHAPITRE

Conditions exigées pour l'exercice de l'action Paulienne

Nous avons vu qu'en droit Romain, la fraude était une condition double ; elle comprenait deux éléments, l'*eventus damni* et le *consilium fraudis*. L'action Paulienne ne pouvait être intentée que contre les actes préjudiciables aux créanciers, et que le débiteur avait consentis en connaissance de cause.

Ces deux conditions sont-elles encore nécessaires dans notre droit ? Nous le pensons ; il en était ainsi à Rome; l'action Paulienne avait été admise dans notre ancienne jurisprudence avec les mêmes caractères essentiels; l'art. 1167 exige la fraude, sans la définir, il y a donc lieu de croire que ces deux conditions sont encore nécessaires aujourd'hui.

Parlons d'abord du *préjudice*. Cette condition était bien évidente ; sans intérêt, pas d'action ; or, quel serait l'intérêt des créanciers s'ils trouvaient dans les biens de leur débiteur de quoi les satisfaire ? Il faut donc que l'acte attaqué ait causé ou augmenté l'insolvabilité du débiteur ; il faut de plus que le débiteur soit insolvable au moment où s'exerce l'action; s'il peut en effet désintéresser ses créanciers, ils n'ont aucun motif de se plaindre. Ce sont là deux points que les créanciers doivent démontrer avant tout.

Pour prouver l'insolvabilité actuelle, ils doivent commencer par discuter les biens de leur débiteur; s'ils attaquent directement les tiers, ceux-ci pourront toujours leur opposer une fin de non recevoir et repousser, pour le moment du moins, les poursuites dont ils sont l'objet.

Des auteurs en ont conclu qu'il fallait appliquer dans notre espèce les art. 2022 et 2023. Le tiers poursuivi devrait donc, pour échapper à l'action des créanciers, indiquer les biens à saisir et faire l'avance des frais, il ne pourrait aussi désigner que des biens situés dans le ressort de la cour [1]. Je ne crois pas que cette doctrine doive être admise ; il est certain que la caution et le tiers peuvent tous deux repousser l'action, quand on n'a pas discuté tout d'abord le débiteur principal, mais quelle différence entre ces deux situations ! La caution s'est obligée à la dette ; en agissant directement contre elle, les créanciers usaient de leur droit ; la loi, il est vrai, lui donne le moyen de se soustraire momentanément aux poursuites, mais c'est là une faveur, un bénéfice. Tout autre est la position du tiers poursuivi par l'action Paulienne. Nous nous trouvons en présence d'une personne qui ne s'est pas engagée envers les créanciers ; la loi donne à ces derniers un recours subsidiaire dans l'action révocatoire, mais c'est là quelque chose d'extraordinaire, une ressource qui ne doit être accordée qu'à la dernière extrémité. On ne peut donc raisonner par voie d'analagie, on ne peut voir un bénéfice, une faveur, dans le droit qu'a le tiers poursuivi de renvoyer les créanciers sur les biens de leur débiteur. Le tiers est beaucoup plus favorable que la caution [2].

Est-ce à dire que les tiers pourront toujours se soustraire à l'action des créanciers tant qu'il restera quelques biens au débiteur, sans tenir compte de la difficulté qu'en présenterait la discussion ? Je n'irai pas jusque-là. Règle générale, les créanciers ne pourront

1 MM. Duvergier sur Toullier VI. — Capmas, p. 48.

2 En ce sens. Proudhon IV n° 2400. — Toullier VI, n°s 344 et suiv. — Duranton X n° 572-3°

poursuivre les tiers qu'après discussion de leur débiteur, mais si les biens sont litigieux, situés en pays étranger, il faut, je crois, admettre un tempérament. Les juges auront en pareille, hypothèse, un pouvoir d'appréciation ; il serait singulier, en effet, de forcer les créanciers à faire des frais qui ne leur rapporteraient peut-être aucun profit et ne feraient qu'augmenter leur perte. Ce serait rendre en pareil cas l'action Paulienne tout à fait inutile ; les créanciers reculeraient toujours devant une discussion qui leur créerait beaucoup de difficultés et d'ennuis et n'aboutirait souvent qu'à un résultat nul ou insignifiant Cette réserve était faite sous notre ancienne jurisprudence et elle a été admise par la Cour de Cassation dans un arrêt de rejet du 22 Juillet 1835 [1].

Si le tiers attaqué offre de désintéresser les créanciers qui le poursuivent, ceux-ci ne peuvent s'opposer au paiement ; quelle est en effet la cause de leur action ? Le préjudice qu'ils prétendent souffrir ; le préjudice venant à cesser par le paiement, leur action s'éteint.

La seconde condition, est le *Consilium fraudis*; que faut-il entendre par là ? Il n'est pas nécessaire que le débiteur ait agi dans l'intention bien arrêtée de nuire à ses créanciers ; il y a *consilium fraudis* quand le débiteur savait par cet acte se rendre insolvable ou augmenter son insolvabilité actuelle. Telle est la dé-

[1] Loyseau. Garantie des rentes IX n°s 14-17-18. — Duvergier sur Toullier VI. — N° 345 n° a. — Aubry et Rau sur Zach, § 313 n° 7. Capmas, 9 et 10.

finition que nous en donnent les jurisconsultes Romains, et c'est encore le sens qu'il faut lui donner aujourd'hui. Tout le monde est d'accord sur ce point, mais tout le monde n'est pas d'accord pour exiger sans distinction le *consilium fraudis* comme condition essentielle de l'action Paulienne ; c'est une question que nous traiterons un peu plus bas.

Sur qui incombe le fardeau de la preuve ? C'est encore aux créanciers à prouver la fraude de leur débiteur. Il ne peut y avoir doute sur ce point ; les créanciers étant demandeurs doivent prouver le bien fondé de leur action : *onus probandi incumbit ei qui agit.*,— Il est évident qu'on ne peut leur refuser la preuve testimoniale quand le montant de leur demande excède cent cinquante francs ; ce serait les mettre dans l'impossibilité d'agir. L'art. 1348, permet, du reste, la preuve testimoniale toutes les fois qu'il n'a pas été possible de se procurer une preuve écrite. Puisque les créanciers peuvent employer la preuve testimoniale, ils peuvent aussi faire valoir de simples présomptions, aux termes de l'art. 1353.

Le tiers doit-il avoir été complice de la fraude ? Les jurisconsultes Romains distinguaient les actes à titre gratuit des actes à titre onéreux ; pour ces derniers, la complicité des tiers était nécessaire, elle ne l'était pas pour les autres. Cette distinction était du reste fort logique, il est naturel que le tiers *qui certat de damno vitando* soit traité plus favorablement que celui *qui certat de lucro captando.*

Il faut encore la faire sous l'empire du Code ; la doctrine et la jurisprudence sont d'accord pour l'admettre [1]. Pothier dit au n° 153 de son traité des obligations : « Observez néanmoins que si le débiteur, lorsqu'il a fait passer à un tiers la chose qu'il s'était obligé de me donner, n'était pas solvable, je pourrais agir contre le tiers acquéreur pour faire rescinder l'aliénation qui lui en a été faite en fraude de ma créance, pourvu qu'il ait été participant de la fraude, *conscius fraudis*, s'il était acquéreur à titre onéreux ; s'il était acquéreur à titre gratuit, *il ne serait même pas nécessaire pour cela qu'il eût été participant de la fraude.* »

C'est en ce sens qu'on avait entendu la disposition fort générale de l'ancien article 444 du Code de Commerce, et la loi de 1838 a suivi cette doctrine dans les articles 446 et 447.

Nous venons de voir trois conditions : le préjudice, la fraude et la complicité ; nous avons laissé de côté une des questions les plus importantes de notre sujet.

Le *consilium fraudis* est-il toujours nécessaire pour que l'action Paulienne puisse être intentée ? Les jurisconsultes les plus distingués sont divisés sur cette question, et ont émis plusieurs systèmes que nous allons rappeler.

1er *Système* [2]. Règle générale le *consilium fraudis*

[1] MM. Toullier VI, 353. — Proudhon, n° 2356. — Duranton, X nos 375 et suiv. — Marcadé art. 1167, Aubry et Rau sur Zach — § 313 p. 91.

Douai 4 mai 1846. —Paris, 24 décembre 1849.—Arr. de rejet. 2 janvier 1843.

[2] MM. Demante. II, n° 471.— Ducaurroy, Bonnier et Roustain II p. 154.

est essentiel, mais il y a exception pour les cas de renonciation. L'art. 622 permet en effet aux créanciers de faire tomber la renonciation à l'usufruit qui *leur cause préjudice*; l'art. 788 ne parle pas de fraude; l'art. 2225 exige seulement que les créanciers *aient intérêt* à ce que la prescription soit opposée; l'art. 1053 défend au grevé de substitution de préjudicier à ses créanciers par une renonciation anticipée. Cette distinction est du reste fort naturelle, on ne peut assimiler les renonciations aux actes qui exigent le concours des deux parties: Par sa renonciation, le débiteur ne transfère pas la propriété à un tiers, il s'efface, voilà tout, c'est un acte négatif; le tiers qui en profite n'y avait aucun droit, il ne devait pas s'y attendre. On ne peut l'assimiler à une donation puisqu'il n'y a pas concours de volontés. On ajoute que la renonciation emporte une pensée de malveillance plus coupable encore que dans les donations; dès lors, on comprend que le Code ait admis en pareille matière des règles spéciales. Et en agissant ainsi, le législateur n'a fait que suivre notre ancienne jurisprudence, comme le prouve le témoignage de de Serres, Boutaric et Furgole.

L'art. 42 titre 1er de l'ordonnance de 1747 semble bien avoir reproduit cette doctrine; il n'y est aucunement question de fraude, le simple intérêt c'est-à-dire le préjudice doit donc suffire pour que les créanciers puissent intenter l'action révocatoire; or, l'art. 1053 de notre Code est tiré de cet art. 42.

Ce système tire de plus un grave argument des travaux préparatoires; nous allons rapprocher les articles du projet de ceux présentés par le tribunal de cassation :

Articles du projet de la commission.

Art. 43 (622. C. N.) Si la renonciation de l'usufruitier est faite *en fraude* des créanciers de l'usufruitier, ils peuvent la faire annuler [1].

Articles et observations du Tribunal de Cassation.

Art. 44. Si la renonciation de l'usufruitier est faite *au préjudice* des créanciers, ils peuvent la faire annuler.

Observations. La fraude suppose *consilium et eventus,* or ne suffit-il pas que, par l'évènement une *renonciation* porte préjudice aux créanciers quoiqu'elle ne soit pas frauduleuse par l'intention du renonçant, pour qu'il y ait lieu à la faire annuler [2].

Art. 96. (788 C. N.) Les créanciers de celui qui renonce en *fraude et au préjudice* de leurs droits, peuvent attaquer la renonciation et se faire autoriser en justice à accepter la succession du chef de leur débiteur et en son lieu et place.

Dans ce cas la renonciation n'est annulée qu'en faveur des créanciers et jusqu'à concurrence seulement du montant de leurs créances; elle ne l'est pas au profit de l'héritier, qui a renoncé [2].

Art. 97. Les créanciers de celui qui renonce *au préjudice* de leurs droits peuvent attaquer, etc.

[1] Fenet II, p. 113.
[2] Fenet II, p. 545.
Fenet II, p. 140.

Observation. La fraude du renonçant qui suppose à la fois *consilium et eventus* ne doit pas être exigée pour que les créanciers puissent attaquer la renonciation ; il doit suffire, qu'en résultat elle leur soit préjudiciable [1].

Ainsi qu'on le voit, la commission proposait purement et simplement la théorie romaine; les articles du projet exigeaient toujours la fraude de la part du débiteur ; le tribunal de cassation, au contraire, demandait qu'on suivît la doctrine de Boutaric et Furgole ; or les modifications ont été admises, comme le prouve la rédaction nouvelle des art. 622 et 788.

Si on objecte à cette opinion que l'art. 1464 exige la fraude pour que les créanciers fassent tomber la renonciation à la communauté, on répond qu'il faut corriger en ce sens cette disposition unique. Le tribunal de cassation a oublié d'en proposer une nouvelle rédaction, mais l'esprit de la loi est évident ; il ne faut donc pas hésiter à admettre dans l'art. 1464 la modification que le tribunal de cassation a fait introduire dans les art. 622 et 788 ; les motifs sont les mêmes que pour la renonciation à succession, et il y aurait contradiction à s'y refuser.

Tels sont les principaux arguments sur lesquels on asseoit ce système qui est au moins très-spécieux. Nous tâcherons néanmoins de les réfuter après avoir indiqué les autres opinions qui se sont fait jour.

[1] Fenet II, p. 569.

2e *système*[1]. Dans cette opinion on prend aussi à la lettre les art. 622, 788 et 1053, on prétend aussi s'appuyer sur l'art. 2225 et on pense qu'il faut corriger en ce sens l'art. 1464 ; mais on ne s'arrête pas là, on étend ce principe à tous les actes à titre gratuit ; les créanciers n'ont pas en pareil cas à prouver la fraude de leur débiteur, il suffit qu'ils souffrent préjudice pour que l'action Paulienne leur soit ouverte. On s'appuie pour le décider ainsi sur la grande différence qui existe entre les acquéreurs à titre gratuit et les acquéreurs à titre onéreux ; tout le monde est d'acord sur ce point, quelle conséquence tirer de cette distinction ? Les auteurs, qui professent ce système, décident qu'il est inutile de prouver la fraude quand les créances se trouvent en présence d'acquéreurs à titre gratuit. Ces auteurs pensent que la première opinion met le législateur dans une inconséquence grave avec lui-même. Il serait bizarre d'exiger la preuve de la fraude quand il s'agit d'actes à titre gratuit pur et simple, tandis que le préjudice suffit à ouvrir l'action Paulienne contre une renonciation à succession ; et pourtant l'héritier, au moment où il a pris parti, avait peut-être des raisons sérieuses de suivre cette décision.

3e *système*[2]. Marcadé a soutenu une opinion qui se rapproche beaucoup, en pratique au moins, de la précédente. Il accorde que la fraude est une condition essentielle pour que l'action Paulienne puisse s'exer-

[1] MM. Duranton, X, nos 577 et 578.—Delvincourt II p. 524. — Aubry et Rau sur Zach. § 313, no 14.
[2] Marcadé art. 622.

cer, qu'il s'agisse d'actes à titre gratuit ou d'actes à titre onéreux ; mais il y a, au point de vue de la preuve, une grande différence aux yeux de ce savant jurisconsulte. S'agit-il d'un acte à titre onéreux les créanciers ne peuvent triompher qu'à la condition de prouver la fraude de leurs débiteurs ; s'agit-il au contraire d'un acte à titre gratuit, la fraude est toujours nécessaire, mais le préjudice suffit à la faire présumer, les créanciers n'auront donc à prouver que le préjudice et obtiendront gain de cause à moins que l'adversaire ne démontre la bonne foi de leur débiteur. Cette opinion me semble difficile à soutenir, et je ne crois pas qu'elle ait rallié beaucoup de défenseurs. Elle me paraît contraire aux principes. Est-ce que la fraude se présume jamais ? Comment peut-on introduire une pareille supposition dans dans le silence de la loi ? Et puis, c'est appliquer et rejeter tout à la fois la règle en matière de preuve : *Onus probandi incumbit ei qui agit.* On admet que la fraude est nécessaire dans tous les cas, il semble dès lors que les créanciers doivent la prouver, puisqu'ils sont toujours demandeurs, néanmoins Marcadé les dispense de cette preuve quand ils se trouvent en présence d'un acquéreur à titre gratuit. Cette opinion me semble donc difficile à admettre ; je viens de donner des raisons principales qui me décident à la rejeter et je n'y reviendrai pas quand, dans un instant, j'essaierai de réfuter les autres systèmes, en établissant celui auquel je crois devoir me ranger.

4e *système* [1]. M. Capmas pense qu'il faut prendre à

[1] M. Capmas, p. 38.

la lettre les différentes dispositions de la loi. Il admet donc le premier système, mais avec une modification; au lieu de corriger l'art. 1464, il exige que les créanciers prouvent la fraude de leur débitrice quand ils veulent attaquer sa renonciation à la communauté. Il pense que le préjudice suffit dans le cas des art. 622, 788 et 1053, le texte de la loi, appuyé sur les travaux préparatoires, le dénômtre à ses yeux; quant à l'art. 1464, la loi est formelle, les travaux préparatoires sont muets, rien n'indique donc qu'il faille corriger cette disposition. Ce système est fort simple, et le respect avec lequel il entend le texte de la loi, peut séduire au premier abord ; est-il conforme à l'esprit de notre législation ? En respectant le texte, ne détruit-on pas l'harmonie même de la loi ? C'est là l'objection fondamentale qui est faite à l'opinion du savant professeur ; j'y reviendrai dans un instant.

5e *système* [1]. Je pense avec Proudhon que la fraude est toujours nécessaire et que les créanciers doivent la prouver pour triompher dans leur demande, sans distinguer entre les renonciations, les donations ni les actes à titre onéreux. Nous avons pour nous la doctrine romaine, et ces précédents sont d'une grande importance dans une matière qui nous vient en droite ligne du droit romain ; nous avons pour nous l'art. 1167 qui pose le principe général : peut-on admettre qu'il y ait deux théories dans le Code ? Les art. 622, 788, 1053 paraissent, il est vrai, contraires à notre

1 Toullier VI, n° 348.— Grenier I, n° 93. — Proudhon 2353 à 2356.

opinion, mais qu'on les compare à l'art. 1167 ! L'art. 1167 a une portée parfaitement générale; il en est tout autrement des art. 622, 788 et 1053 qui sont des dispositions de détail, et il est bien difficile d'asseoir sur ces dispositions isolées une théorie nouvelle parallèlement à celle de l'art. 1167.

On nous oppose l'ancienne jurisprudence. Nous répondrons tout d'abord au second système que nos anciens auteurs exigeaient la preuve de la fraude quand il s'agissait de donations. Ricard est formel : « Si les créanciers, dit-il, peuvent faire voir que la donation est faite *à dessein de les frauder* de leur dû, et que le donateur, plus chargé de dettes que de biens, et plutôt *poussé d'un désespoir de ne pouvoir conserver ce qu'il posséde que d'un motif de libéralité*, a fait largesse de ce qui lui reste, ils ont droit de faire révoquer la donation comme faite à leur préjudice. Nous avons même des coutumes qui le décident de la sorte, savoir. — Et un peu plus loin : « Mais lorsque la donation a été faite *de bonne foi et qu'elle est faite sans fraude dans son principe*, elle n'est plus capable d'altération de ce chef, et la loi veut même que la déclaration du donateur, qui, par un esprit de repentir et de haine contre le donataire alléguerait sa turpitude ne soit pas considérable [1]. » Pothier est aussi formel dans le passage que nous avons cité plus haut.

Le second système a donc contre lui le droit Romain et notre ancienne jurisprudence. Il prétend qu'il

[1] Ricard. Traité des donat. entre vifs et testam. sect. 3e nos 747 et 749.

faut arriver à donner cette règle générale afin de lever toute contradiction avec les articles 622, 788 et 1053, mais comme nous nions précisément le sens qu'on veut donner à ces articles, la base de ce raisonnement manque. On invoque enfin la grande différence qui sépare les acquéreurs à titre onéreux des acquéreurs à titre gratuit. Cette différence, tout le monde est d'accord pour la reconnaître, mais je ne crois pas que nos adversaires soient autorisés à en tirer des conséquences aussi graves. Les jurisconsultes romains l'avaient déjà remarqué, qu'en concluaient-ils, qu'en concluaient nos anciens auteurs? Ils accordaient l'action Paulienne contre les donataires sans exiger de leur part complicité à la fraude ; on ne peut pas, à moins d'nne disposition formelle aller plus loin. La différence existe, elle a été de tout temps reconnue, aussi s'est-on montré plus sévère à l'égard des donataires; il faut suivre les anciens principes sans aller au-delà, le Code ne dit rien, et il serait dangereux de suppléer à son silence contrairement à la tradition, dans une matière qui accuse tant son origine. Et puis, n'oublions pas que le débiteur est toujours resté propriétaire, il a administré son propre bien, il l'a mal administré peut-être ; mais, tant qu'il agit sans fraude, ses créanciers ne doivent pas se plaindre, c'était à eux à connaître leur débiteur et à prendre telles sûretés qu'ils jugeaient convenables.

Le premier système peut s'appuyer sur d'anciens auteurs, il invoque Furgole, Boutaric, de Serres, il invoque le texte même du Code. Nous devons reconnaître qu'une partie de nos anciens jurisconsultes pensait qu'en cas de renonciation, le simple préjudice était suffisant à ouvrir l'action Paulienne, mais tous ne partageaient pas cette opinion. La question était discutée. Il faut, nous dit-on, admettre l'opinion de Furgole, les art. 622 et 788, les travaux préparatoires le prouvent, et cette distinction avait été admise dans l'art. 42, titre Ier de l'ordonnance de 1747, que notre art. 1053 a voulu reproduire. Ces arguments, il faut l'avouer, sont très-puissants, mais on peut, je crois, y répondre victorieusement.

Si Furgole, Boutaric et de Serres suivaient au cas de renonciation des règles particulières, d'autres auteurs ne faisaient aucune distinction ; nous pouvons encore invoquer sur ce point l'opinion de Ricard[1] : — « Il suffit que le dessein de fraude se soit rencontré en la personne du donateur ; de sorte que la remise que fait l'héritier avant le temps au profit du fidei-commissaire étant une espèce de donation, d'autant que, par cette restitution anticipée, il a abandonné la jouissance d'un bien qui lui était acquis à juste titre, il semble qu'il n'y ait pas de difficulté à conclure que l'action révocatoire doit avoir lieu en cette occasion comme au cas de donation pure et simple. » Pothier professe la même doctrine : « Si un débiteur insolvable, *en fraude de ses créanciers*, a renoncé à une succession opulente, ses créanciers font rescinder cette renonciation par l'action révoca-

[1] Des substit. directes et fideicomm. Traité III. ch. X, p. 2, n° 44.

[2] Pothier. — Tr. des successions, ch. III, sect. 3, art. 1, § 3. Traité de la Communauté, n° 533.

toire de ce qui est fait en fraude des créanciers [1]. »

Ainsi tombe l'argument tiré de notre ancienne jurisprudence; car, sans vouloir nier la juste importance qu'on attache dans le système contraire à l'opinion de Furgole, Boutaric et de Serre, je crois que celle de Ricard et Pothier suffit pleinement à lui faire contrepoids.

On nous objecte l'art. 42 titre 1er de l'ordonnance de 1747; la distinction, que nous proposons, disent nos adversaires, y a été admise; l'art. 1053 en est tiré, on est donc forcé d'entendre en ce sens cette disposition du Code ainsi que les art. 622 et 788 qui ne sont que l'application du même principe. Cette argumentation n'est nullement décisive, Pothier, en effet, ne voyait dans cet art. 42, que l'application des règles romaines en matière d'action Paulienne [1], la fraude était donc nécessaire à ses yeux pour donner lieu à l'action révocatoire contre une renonciation anticipée de la part du grevé de substitution. Nous sommes dès lors en droit de soutenir que cette distinction n'avait pas été suivie dans l'ordonnance, et qu'il n'y a pas, dans tous les cas, lieu de l'introduire dans l'art. 1053. J'ajoute que d'Aguesseau ne paraît pas avoir attaché à cet art. 42 le sens qu'on veut lui donner.

Comment alors expliquer le texte des art. 622, 788 et 1053 ? Dans toutes ces dispositions, il n'est pas question de fraude, nous en sommes donc réduits à modifier les termes de la loi, or c'est là quelque chose d'extrêmement grave. Nous avons vu de plus que le

[1] Pothier. Traité des substitutions, sect. 6, art 1, § 2.

projet exigeait formellement la fraude, et il a été corrigé sur les observations du tribunal de cassation qui partageait bien certainement les idées de Boutaric et autres.

Nous répondrons aux travaux préparatoires par les travaux préparatoires eux-mêmes. Sans aucun doute les articles du projet furent supprimés et remplacés par ceux que proposait le tribunal suprême, mais je ne crois pas qu'il faille voir dans ce changement l'abandon des principes romains soutenus par l'autorité de Pothier et Ricard. Le conseil d'État les admettait, le tribunal de cassation en demandait la modification, y eut-il des discussions ? En aucune façon, on admit la rédaction nouvelle parce qu'il ne s'agissait là que de dispositions de détail, il était inutile de s'occuper encore des conditions d'exercice de l'action révocatoire, le moment n'était pas venu d'exposer la théorie du Code en matière d'action Paulienne. Le conseil d'État recule devant une discussion intempestive, il emploie un mot vague, *préjudice*. Nous avons vu Ricard dans un passage rapporté plus haut employer la même expression alors qu'il exige évidemment la fraude.

C'est à propos de l'art. 1167 que le législateur devait exposer sa théorie, c'est là qu'est le siége de la question ; ici encore le tribunal de cassation propose une rédaction nouvelle :

Article du projet.

Art. 62. (1167. C. N.) Ils (les créanciers) ne peuvent attaquer, sous *prétexte de fraude* à leurs droits, les actes faits par leur débiteur, que dans les deux cas suivants ;

1° Lorsqu'il s'agit d'actes réprouvés par la loi concernant les faillites :

2° Lorsqu'il s'agit d'une renonciation faite par le débiteur à un titre lucratif, tel qu'une succession ou une donation, à la charge par les créanciers de se faire subroger aux droits de leur débiteur et de prendre sur eux tous les risques et toutes les charges du titre qu'ils acceptent de son chef. [1]

Article proposé par le Tribunal de Cassation.

Art. 61. Ils (les créanciers) peuvent aussi, en leur nom personnel, attaquer tous actes faits par leur débiteur en *fraude de leurs droits.*

Sont toujours *réputés faits en fraude* des créanciers les actes réprouvés par la loi concernant les faillites, ainsi *que la renonciation faite par leur débiteur à un titre lucratif*, tel qu'une succession ou une donation.

S'il s'agit d'une renonciation à un titre lucratif, les créanciers, qui veulent faire annuler cette renonciation, doivent se faire subroger aux droits de leur débiteur, et prendre sur eux tous les risques et toutes les charges du titre qu'ils acceptent à sa place.

Observation. Le changement proposé n'a pour objet que d'exprimer, d'une manière qu'on croit plus précise, le vœu des auteurs du projet. [2]

L'article proposé par le Conseil d'État était loin d'être clair, et le tribunal de Cassation a eu raison d'en faire la remarque, mais était-il aussi bien fondé

[1] Fenet. II, p. 168.
[2] Fenet II, p. 587.

à dire que le changement présenté n'avait pour but que de rendre d'une manière plus précise le vœu des auteurs du projet? La théorie qui résultait de l'article proposé était assez singulière ; elle semble formelle en effet pour rejeter l'action Paulienne, sauf les cas de faillite et renonciation. Mais cette théorie, qu'elle fût bonne ou mauvaise, exigeait toujours la fraude : « Ils ne peuvent attaquer *sous prétexte de fraude...* » Le conseil d'Etat n'avait donc pas admis sur les art. 622 et 788 la doctrine proposée par le Tribunal de Cassation ; il restait fidèle aux principes Romains. Au lieu de cela, que propose le Tribunal de Cassation? Une présomption de fraude quand il s'agit de renonciation. C'est toujours la théorie de Furgole, c'est toujours la même idée que nous avons vue produite par le Tribunal suprême à propos des autres articles, mais c'est aussi tout-à-fait contraire à la doctrine proposée par le Conseil d'Etat. Cette fois il fallait se décider, les deux systèmes étaient en présence et il fallait trancher définitivement la difficulté ; il ne s'agissait plus d'une disposition de détail, le moment était venu de poser les règles fondamentales.

En quel sens la question fut-elle résolue, et quel fut le sort de l'amendement proposé par le Tribunal de Cassation ? M. Bigot Préameneu présente un nouveau projet le 11 brumaire an XII ; au lieu d'une disposition unique, nous trouvons deux articles :

« Art. 62. Ils (les créanciers) peuvent aussi en leur nom personnel attaquer tous actes faits par le débiteur *en fraude* de leurs droits. »

« Art. 63. Lorsqu'un débiteur a renoncé à une

succession, le créancier peut l'accepter du chef de son débiteur.

Le créancier peut aussi demander l'exécution à son profit d'une donation que son débiteur aurait d'abord acceptée, et à laquelle ce débiteur aurait ensuite renoncé.

Dans l'un et l'autre cas, le créancier prend sur lui les risques et les charges résultant du titre qu'il accepte à la place de son débiteur [1]. »

L'art. 62 reproduisait textuellement le premier alinéa de l'amendement proposé par le Tribunal de Cassation ; il consacrait la théorie Romaine. Le second alinéa admettait le principe de la distinction de Furgole, il posait la doctrine nouvelle en matière de renonciation ; les auteurs de l'amendement admettaient deux théories, l'une générale, l'autre spéciale ; ils avaient senti le besoin d'exprimer clairement l'une et l'autre dans deux paragraphes consécutifs ; or ce second alinéa ne se trouve pas dans le projet de M. Bigot. L'art. 63 parle bien de la renonciation à une succession ou à une donation, mais cet art. n'indique pas de conditions spéciales, et, vu la suppression du second paragraphe de l'amendement, il est naturel de penser que les conditions de l'action révocatoire doivent être celles posées par l'art. 62, c est-à-dire non-seulement le préjudice mais aussi l'intention frauduleuse. Que devint ce second projet ? De ces deux articles un seul est resté, l'art. 62,. aujourd'hui 1167 de notre Code ; l'art. 63 fut supprimé, il était

1 Fenet XIII p. 12.

en effet inutile, les art. 1167 et 788 étaient suffisants.

De tout cela que faut-il conclure? Il me semble évident que le système proposé par le Tribunal de Cassation fut repoussé, et avec lui la distinction émise par plusieurs de nos anciens jurisconsultes. La théorie Romaine, appuyée sur Ricard et Pothier, triompha au Conseil d'Etat et fut votée par le Corps Législatif.

Voici donc la marche qui fut suivie : différents articles de détail sont modifiés sur la demande du tribunal suprême parce que la rédaction nouvelle n'a rien de décisif, rien de précis, et la question soulevée est remise à plus tard, pour être votée en son lieu et place. Elle se présente en effet de nouveau au titre des obligations, le Tribunal de Cassation renouvelle sa théorie, il propose un article parfaitement clair qui la consacre ; il fallait opter, des projets sont mis à l'étude et discutés, un article général est voté qui exige toujours la fraude et repousse par conséquent la distinction demandée, en restant fidèle aux principes Romains.

En veut-on une preuve nouvelle? Nous la trouvons au Code même, dans l'art. 1464. Cet article exige la fraude pour que les créanciers puissent attaquer la renonciation à une communauté. Comment expliquer cette disposition si on admet la doctrine du Tribunal de Cassation? On le corrige, on supprime le mot *fraude* ; c'est là un procédé un peu héroïque. Pour nous, l'art. 1464 doit subsister sans modification, la question avait été vidées, le Code applique purement et simplement le principe admis. Comment peut-on en corriger la rédaction? Le Conseil d'Etat aurait donc suivi une théorie nouvelle, et n'aurait pas su en faire l'application d'une façon claire, le Tribunal de Cassation lui avait pourtant donné des modèles qu'il lui eût suffi de copier.

Quant à l'opinion de M. Capmas, elle a pour elle le texte de la loi, mais c'est là son seul fondement. Les travaux préparatoires lui font défaut, et la théorie proposée par le Tribunal de Cassation ne faisait pas une pareille distinction, et il est difficile de donner des motifs satisfaisants à l'appui de cette doctrine. Pourquoi la fraude serait-elle nécessaire quand il s'agit de la renonciation à une communauté, tandis que le simple préjudice suffit, aux yeux de ce savant professeur, à ouvrir l'action Paulienne contre la renonciation d'une succession? Je ne crois pas qu'il y ait de raison sérieuse; dans tous les cas, les travaux préparatoires n'en présentent pas de traces.

On prétend que la distinction entre les renonciations et les autres actes est fort logique et conforme aux principes. Il y a là, je crois, une erreur; il ne faut pas se placer au point de vue du tiers, mais au point de vue du débiteur lui-même; or, le débiteur était propriétaire, et, comme tel, il avait autant le droit de faire une renonciation qu'une donation, ou tout autre acte. S'il avait le droit d'agir ainsi, il faut respecter ce qu'il a fait, pourvu qu'il n'y ait pas eu mauvaise foi de sa part.

Nous avons jusqu'à présent laissé de côté un article fort important et sur lequel nos adversaires prétendent s'appuyer, l'art. 2225, mais cette disposition a fait naître plusieurs systèmes qu'il nous faut étudier, et ce travail nous prouvera, je l'espère, que l'art 2225 n'est nullement contraire à la doctrine qui vient d'être exposée.

L'art. 2225 est ainsi conçu : « Les créanciers ou toute autre personne ayant intérêt à ce que la prescription soit acquise, peuvent l'opposer encore que e débiteur ou propriétaire y renonce. » — Le débiteur peut ne pas opposer la prescription parce qu'il est absent, ou parce qu'il ne veut pas user d'un moyen qui répugne à la conscience de beaucoup de personnes ; les créanciers peuvent dans ce cas l'opposer ; il n'y a pas de difficulté, c'est une application pure et simple de l'art. 1166, on ne peut voir du reste une renonciation dans ce non usage de la part du débiteur. Tout le monde est d'accord sur ce point, M. Bigot-Préameneu a dit au Conseil d'État : « Ce serait une erreur de croire que la prescription n'a d'effet qu'autant qu'elle est opposée par celui qui a prescrit et que c'est, au profit de ce dernier une faculté personnelle. La prescription établit ou la libération ou la propriété ; or, les créanciers peuvent, ainsi qu'on l'a déclaré au titre des obligations exercer les droits et actions de leur débiteur, à l'exclusion de ceux qui sont exclusivement attachés à sa personne ; la conséquence est que les créanciers peuvent opposer la prescription, encore que le débiteur ou le propriétaire y renonce. »

Mais supposons que le débiteur ait formellement renoncé à la prescription, les créanciers peuvent-ils au nom de l'art. 2225 invoquer ce moyen? Telle est la question délicate qui a donné lieu à des systèmes divers.

Premier système [1]. — Des auteurs pensent que l'art. 2225 n'est qu'une application de l'art. 1166. Si le débiteur n'a pas opposé la prescription sans y avoir cependant renoncé, les créanciers peuvent l'invoquer en son nom; mais, s'il y a renoncé, ils ne peuvent pas s'en prévaloir, l'art. 2255 ne prévoit pas cette hypothèse. L'action Paulienne, dit-on, n'est donnée que contre les actes frauduleux, or, comment voir une fraude dans la conduite du débiteur qui rejette un moyen de défense, qu'il croit illégitime! il refuse de s'enrichir aux dépens d'autrui. De plus, lorsque le temps de la prescription est accompli, l'acquisition n'est pas pour cela parfaite, elle est conditionnelle, elle ne se réalise que par l'usage qu'on fait de ce moyen légal; en renonçant à la prescription, on ne s'appauvrit donc pas. Enfin, l'art. 2225 parle au présent, il suppose que la renonciation n'est pas encore consommée; il ne faut donc voir dans notre disposition qu'un renvoi à l'art. 1166 et non à l'art. 1167. On comprend parfaitement que le législateur se soit prononcé d'une façon spéciale; on aurait pu croire en effet que le droit d'opposer la prescription exigeait un examen de conscience, qu'il était exclusivement attaché à la personne.

Cette opinion est à peu près abandonnée aujourd'hui; on prétend qu'on ne peut voir un acte frauduleux dans

[1] MM. Vazeille. Prescription. T. 1 p. 352. — Dalloz, p. 243. Nancy 25 avril 1829. — Bordeaux, 21 mars 1846.

cette renonciation ; mais c'est vraiment jouer sur le mot fraude, c'est oublier le sens juridique pour parler le langage ordinaire. L'action Paulienne exige en effet le préjudice *et la connaissance du dommage causé*, c'est cette connaissance qui constitue la fraude. — Quant au second argument, il ne suffit pas non plus à me convaincre ; il est évident que le débiteur s'appauvrit puisqu'il se dépouille du droit d'opposer la prescription. Pothier disait qu'une pareille renonciation renferme *une aliénation du droit de fin de non recevoir, qui est acquis au débiteur par l'accomplissement du temps de la prescription* [1]. Nous pensons du reste que notre législation a repoussé la distinction faite par les jurisconsultes Romains. — Quand à l'argument tiré du texte même de l'art. 2225 il ne paraît pas bien sérieux. Beaucoup de dispositions du Code contiennent des incorrections plus graves que tout le monde reconnaît; et pour ne pas sortir de notre matière, nous en trouvons un exemple analogue dans l'art. 788.

Je rejette donc cette opinion avec la grande majorité des auteurs ; mais, ce premier pas fait, on est bien loin de s'entendre.

2° *Système.*[2] — Un parti considérable reproduit sur notre art, 2225 la théorie émise par le tribunal de cassation: d'après ces auteurs, le préjudice suffit sans que les créanciers aient à prouver la fraude, on s'appuie sur le texte même de l'art. 2225, il n'y est aucunement question de fraude, or il est

1 Traité des obligations, n° 665.

2 MM. Merlin Questions, v° Garantie § 7. — Duranton XXI, § 150. Rataud. Revue pratique t. I p. 481.—Troplong I, p. 101.— Aubry et Rau sur Zach., § 775.

Arr. de rejet, 21 mars 1843. — Bordeaux 13 décembre 1849.

postérieur à l'art. 1167 ; il faut donc admettre dans ce cas une modification aux principes. Notre article peut s'expliquer par d'autres motifs, aussi la conclusion qu'on en tire ne me semble-t-elle pas suffisamment fondée. L'art. 2225, ajoute-t-on, est général, il s'applique aussi bien aux cautions, aux créanciers hypohécaires etc., or, pour eux le préjudice suffit, il doit en être de même pour les créanciers purement chirographaires. Cette argumentation ne me paraît pas décisive. L'art. 2225 donne à différentes personnes le droit d'attaquer la renonciation, mais à quelles conditions ? Il n'en dit rien ; il faut, pour résoudre cette question se reporter aux principes, or les principes pour les créanciers chirographaires se trouvent dans 'art 1167 aux termes duquel la fraude est nécessaire.

Si on objecte qu'il y a dès lors contradiction entre cette théorie et celle universellement admise en matière de donations, on répond dans cette opinion par la maxime : « *Quod facilius fieri potest, lex arctius prohibet.* » Mais cette réponse n'est pas suffisante, et c'est à tort qu'on invoque cette règle. M. Rataud le reconnaît lui-même : « Il est en effet, dit-il, certaines donations, par exemple celles au profit des enfants, que le débiteur sera tout aussi porté à faire, qu'il sera porté à faire des renonciations à prescription. D'autre part, cette maxime est conforme à la raison, toutes les fois que la facilité contre laquelle lutte le législateur, est celle qui a pour mobile l'inexpérience ou l'imprudence, et tel était l'esprit de la loi *Julia*, lorsqu'elle se montrait plus sévère pour l'hypothèque que pour l'aliénation de l'immeuble dotal. Mais quand cette facilité est celle de l'honnête homme qui obéit à sa conscience, pourquoi la loi lui opposerait-elle d'autres entraves que celles qui résultent déjà du droit commun ? »

Néanmoins, le savant professeur admet le système qui déclare le préjudice suffisant, et il invoque à son appui des considérations du plus grand poids : 1° Les créanciers ne peuvent demander la nullité en général qu'autant que le débiteur n'était pas dans l'ignorance de son insolvabilité ; mais on est loin de s'entendre quand il s'agit de renonciation. La réponse est facile ; sans doute il y a des divergences d'opinions, mais qu'importe au point de vue théorique? Lorsque le législatenr a écrit l'art. 2225, connaissait-il les différents systèmes que la doctrine et la jurisprudence bâtiraient sur les art. 622 788 et 1053 ? Évidemment non ; cette diversité d'opinions n'a donc eu aucune influence sur l'esprit du législateur elle ne doit pas en avoir sur nous.

2° Le débiteur peut avoir ignoré ce moyen, dans ce cas les créanciers ne pourraient pas obtenir de restitution, de là de grandes difficultés pratiques : « *Il faudra donc arriver à une distinction, qui sera en pratique plus que délicate, et qui est contraire à l'esprit de notre droit, dont la tendance est de simplifier la matière des preuves.* » Je reconnais qu'il y aura là de grandes difficultés pratiques, mais faut-il nous en étonner ? Tout le monde est d'accord pour exiger la preuve de la fraude quant il s'agit d'actes à titre onéreux, la preuve de la fraude est-elle donc si facile ?— Il y aura lieu à des appréciations délicates de la part des tribunaux, et l'esprit de notre législation n'est pas, il est vrai, de leur laisser d'ordinaire un aussi grand pouvoir ; mais en notre matière, il en est tout autrement. Il fallait bien en arriver là ; le législateur s trouve en présence d'un *propriétaire*, qui a droit de gérer son patrimoine, et de créanciers, qu'il faut défendre ; en présence de ces intérêts opposés et également respectables, il ne pouvait que pour quelques règles générales, laisser au juge un très-large pouvoir d'appréciation.

3° Dans quelle classe ranger cette renonciation ? M. Rataud se refuse à la placer parmi les actes à titre gratuit parce que l'intention de gratifier fait défaut ; et si on la range parmi les actes à titre onéreux, on ne peut exiger la complicité des tiers, car très-souvent cette renonciation sera un acte unilatéral. Il y a donc impossibilité à appliquer le droit commun de l'art. 1167. Ici encore, je ne partagerai pas l'opinion de mon très-savant maître. Il se refuse à voir dans notre renonciation un acte à titre gratuit parce que l'intention de gratifier manque ; mais, en matière d'action Paulienne, tel n'est pas, je crois, le *criterium* qu'il faut choisir. Les actes sont à titre gratuit ou à titre onéreux suivant que le tiers *certat de lucro captando* ou *de damno vitando ;* or le tiers semble bien dans notre espèce lutter *de lucro captando*, dès lors il y a lieu d'appliquer à la renonciation à prescription les règles qu'on suit pour les actes à titre gratuit. Telle était également l'opinion de Pothier qui qualifie les renonciations à prescription d'actes gratuits.

J'ajoute que je ne vois aucune raison pour traiter ce

tiers plus défavorablement que s'il était donataire. Et puis, c'est introduire dans le Code une théorie toute nouvelle sur laquelle les travaux préparatoires et la tradition sont muets et qui ne semble pas justifiée par les termes de la loi.

3e *Système.* D'autres jurisconsultes pensent que les créanciers n'ont même pas besoin de prouver le préjudice. L'art. 2225 est favorable, dit-on, à cette opinion, car il n'assujettit à aucune condition l'action des créanciers. Le législateur a voulu les protéger contre les scrupules de conscience de leur débiteur.

Je n'admets pas non plus ce système, que je crois même contraire aux principes. Sans intérêt pas d'action ; or quel intérêt peuvent avoir les créanciers si les biens de leur débiteur suffisent à les remplir de leurs droits ?

4e *Système.* Je crois donc qu'il faut en notre matière appliquer purement et simplement les règles générales que nous avons exposées. Les créanciers ne peuvent triompher qu'à une double condition ; il leur faut prouver et le préjudice et l'intention frauduleuse. Nous avons vu en effet le projet du Code et les propositions du Tribunal de Cassation, et de cette étude nous avons conclu que le législateur avait admis la théorie Romaine. Il me semble impossible de déclarer avec le second système que le préjudice seul suffit ; il y aurait inconséquence pour nous qui n'admettons pas la doctrine de Furgole, et cette conséquence ne peut résulter de l'art. 2225. Il n'y a en effet rien de décisif, rien de formel dans sa rédaction, et il nous est expliqué par M. Bigot Préameneu lui-même dans le passage que nous avons précédemment rapporté ; on a voulu prévenir tout simplement une interprétation trop rigoureuse. L'art. 2225 n'a eu d'autre but que d'affirmer *que le droit d'opposer la prescription n'est pas une faculté personnelle.* Quand et comment les créanciers pourront-ils en user ? Tel n'est pas l'objet de l'art. 2225 ; lui faire trancher une pareille question, c'est, je crois, en exagérer la portée ; il faut en pareil cas se reporter aux dispositions fondamentales, c'est-à-dire aux art. 1166 et 1167.

QUATRIÈME CHAPITRE

Contre qui s'exerce l'action Paulienne

Les jurisconsultes romains faisaient de grandes distinctions, qui ont passé dans notre ancienne jurisprudence, et qu'on admet encore aujourd'hui en vertu du renvoi tacite de l'art. 1167. Les conditions varient suivant qu'il s'agit d'un acte à titre gratuit ou d'un acte à titre onéreux. S'agit-il d'un acte à titre onéreux, l'action Paulienne n'atteint que le tiers complice de la fraude ; est-ce au contraire un acte à titre gratuit, les créanciers peuvent agir sans que cette condition soit exigée. Nous avons déjà indiqué la raison de cette distinction fort logique ; il est naturel de plus favoriser les créanciers quand ils se trouvent en présence d'une personne qui cherche à conserver un bénéfice, que lorsqu'ils s'attaquent à un tiers, qui, comme eux, veut éviter une perte.

Le débiteur est en fraude, lorsqu'il sait par tel acte, devenir insolvable ou augmenter son insolvabilité actuelle. Pour que le tiers soit complice, il ne suffit pas qu'il sache que la personne, avec laquelle il traite, a des créanciers, il faut qu'il participe à la fraude, qu'il sache lui aussi avoir affaire à un débiteur qui crée ou augmente par là son insolvabilité. C'est ce que nous dit Ulpien [1].

Les mineurs ne sont pas restituables contre les obligations résultant de leurs délits ou quasi-délits (art. 1310); or la complicité à la fraude est un délit civil, l'action Paulienne est donc recevable contre eux; il en est de même de la femme mariée.

Que décider quant aux successeurs des personnes qui ont traité avec le débiteur en connaissance de cause? Nous distinguerons les successeurs à titre universel et les successeurs à titre particulier. En droit Romain l'action Paulienne n'était donnée contre les héritiers que jusqu'à concurrence du profit qu'ils avaient retiré du dol de leur auteur, Chez nous il doit en être autrement, les actions qui tendent à une réparation pécuniaire atteignent en effet sans restriction aucune les héritiers de la personne coupable.

Quant aux successeurs à titre particulier, on n'est pas d'accord.

Des auteurs considérables pensent que l'action Paulienne est toujours admise contre les sous acquéreurs sans qu'il y ait lieu de distinguer s'ils sont de

[1] Ulpien. L. 10 § 2. Quæ in fraud. credit. 42-8.

bonne ou mauvaise foi. Les principes, dit-on, conduisent nécessairement à ce résultat [1]. Si je vous vends un immeuble qui ne m'appartienne pas, vous n'en devenez pas évidemment propriétaire, si je ne suis propriétaire que sous condition résolutoire, je ne puis pas non plus vous transmettre un droit incommutable sur le bien que je vous livre. Or le tiers se trouve précisément dans cette position, il n'a qu'un droit rescindable, le sous acquéreur ne peut pas avoir une position plus assurée : *Nemo plus juris in alium transferre potest quam ipse habet.* On invoque de plus les décisions de notre Code en matière de rescision des conventions; aux termes des art. 1109 et suivants le contrat entaché de dol, violence est annulable et les sous-acquéreurs même de bonne foi doivent en supporter les conséquences ; il faut donner la même décision dans notre espèce.

Il n'y a pas de difficulté au cas de meubles corporels ; aux termes de l'art 2279, le sous acquéreur de bonne foi devenant propriétaire par l'effet d'une prescription instantanée n'a rien à craindre de la part des créanciers.

L'opinion précédente est au moins fort spécieuse, elle est cependant rejetée aujourd'hui par la majorité des auteurs et la jurisprudence de la cour de cassation paraît aussi fixée dans le même sens [2]. Remarquons tout d'abord que la règle : *Nemo plus*

1 MM. Duv. sur Toull. IV p. 227. — Aubry et Rau sur Zach. 1re éd. § 313, n° 25.
Amiens, 16 mars 1839.
MM. Duranton X, nos 582 et 583. — Proudhon. Usufruit,

juris in alium transferre potest, quam ipse habet n'a pas la portée générale qu'on veut lui donner. Les héritiers réservataires peuvent en effet faire réduire les donations qui entament leur légitime, tandis que le donateur ne peut les attaquer.

Et puis, comme nous le verrons plus tard, l'effet de l'action Paulienne n'est pas absolu, l'acte attaqué ne tombe pas à l'égard de tous, c'est par exception qu'on le déclare nul à l'égard de certaines personnes; si c'est là une exception, il faut la restreindre dans d'étroites limites. L'aliénation avait rendu le tiers propriétaire ; son droit pouvait être, il est vrai, *paralysé* par l'action des créanciers, mais le bien étant passé dans les mains d'un sous acquéreur de bonne foi, la propriété lui appartient pleine et entière, il ne doit rien avoir à craindre des créanciers parce qu'il est étranger au dol. Notre réponse est bien simple, le tiers est propriétaire, il peut donc transmettre son droit à un sous acquéreur, et les créanciers ne peuvent pas l'atteindre, s'il est de bonne foi, parce que le vice primitif n'existe pas à l'égard de ce détenteur.

Quant aux arguments qu'on essaie de tirer des art. 409 et suivants, nous répondrons tout d'abord que cette assimulation n'est pas exacte ; l'action en nullité en effet fait tomber l'acte contre lequel elle est

nº 2412. Marcadé art. 1167, nº IV. — Capmas 74. — Coin Delisle. Revue critique 1853. III p. 857.

MM. Aubry et Rau après avoir enseigné la première opinion, viennent d'admettre la seconde dans leur dernière édition §, 313 note 20.

Paris, 11 juillet 1829.—Arr. de rejet, 6 juin 1849. — 2 février 1852.

dirigée, il n'en n'est pas de même de l'action Paulienne. J'ajouterai que, dans une opinion, que je crois très bien fondée, l'action en rescision contre un acte entaché de dol est purement personnelle, les sous-acquéreurs, même dans ce cas, n'ont rien à craindre, leur droit est respecté. Cette assimilation n'a donc pas lieu d'être, et en la supposant même fondée, elle tourne, à mon avis, contre ceux qui l'invoquent.

Notons enfin que le débiteur avait conservé la libre administration de son patrimoine, il a donc pu aliéner son bien, le législateur n'a pas voulu laisser les créanciers désarmés en présence d'un acte frauduleux et il leur a donné l'action Paulienne, mais il ne faut pas que ce secours d'équité aboutisse à une injustice; or, c'est ce qui arriverait s'ils pouvaient dépouiller un sous-acquéreur de bonne foi *à titre onéreux*; ce serait violer la règle : *In pari re melior est causa possidentis.* Les jurisconsultes Romains l'avaient reconnu, et leur distinction avait passé dans notre ancienne jurisprudence[1].

Dans notre opinion, il faut traiter les sous-acquéreurs comme les acquéreurs primitifs ; il n'y a aucune raison pour les mettre dans une position plus désavantageuse. Les sous-acquéreurs de bonne foi n'auront donc rien à craindre s'ils ont traité à titre onéreux ; s'ils détiennent à titre gratuit il sera encore utile de savoir s'ils ont été ou non complices de la fraude, parce que la réparation varie dans ces deux cas, comme nous le verrons plus tard.

[1] Domat. I-II. T. 10, sect. 1 n° 3.

Il y a donc grand intérêt à connaître en présence de quel acte on se trouve. Est-ce un acte à titre gratuit? Est-ce un acte à titre onéreux ? Il suffira en général au juge d'un examen fort sommaire pour résoudre cette question ; cependant des difficultés peuvent surgir ; elles se présentent notamment pour les donations avec charges, les dons mutuels, les donations rénumératoires, les constitutions de dot.

Si le donateur impose au donataire des charges minimes, l'acte ne perd pas pour cela son caractère, et les créanciers peuvent agir sans avoir à prouver la complicité, mais ces charges peuvent être très-considérables, que décider en pareil cas ? On accorde en général que les juges ont sur ce point un pouvoir d'appréciation, c'est une question de fait à résoudre, et qui, comme telle, échappe au contrôle de la Cour suprême. Ils devront examiner si les charges représentent l'équivalent de l'objet donné. L'objet donné est-il inférieur aux charges, c'est un acte onéreux [1]. Ricard proposait une distinction; d'après lui, l'acte ne cesse pas d'être une donation quand les charges, quelque considérables qu'elles soient, sont stipulées au profit d'une tierce personne [2]. Je ne crois pas qu'il faille admettre cette doctrine ; la distinction entre les actes gratuits et les actes à titre onéreux repose sur la situation plus ou moins favorable du tiers ; or, du moment que des charges considérables lui sont imposées, peu importe à qui elles sont dues. En souf-

[1] Pothier. Donations entre vifs, n° 89.—Marcadé art. 894 n° II, Delvincourt II, p. 277.

[2] Traité des donations 1re partie, ch. IV, sect. 3. Gl. 1 n° 1101.

frira-t-il moins parce qu'il aura promis un avantage à telle personne au lieu d'en faire profiter le donataire? Les juges auront à estimer le montant des charges, ils les compareront à l'objet donné, et rendront leur décision après cet examen, sans avoir à se demander au profit de qui elles sont stipulées.

Quant au don mutuel, on n'était pas d'accord dans notre ancienne jurisprudence. Ricard nous dit encore : « La glose sur le mot *mortis causa* de la loi *Licet* 19. *c. De pactis*, tient formellement dans notre espèce d'une paction mutuelle, faite entre deux personnes au profit du survivant, qu'elle ne peut être mise au rang des donations : *quia*, dit-elle, *donatio emolumentum non onus afferre potest ; hic autem etiam onus habet propter vicissitudinem, quæ in persona cujuslibet eorum habet dictum pactum.* A l'imitation de la glose, tous les docteurs ont suivi cette doctrine et ont tenu que la donation mutuelle et réciproque était un titre onéreux qui n'était en façon quelconque sujet aux lois des donations. Sur ce fondement, M. Tiraqueau en son traité sur la loi *Si unquam, verbo donatione largitus*, depuis le nombre 110 jusqu'au 139, où il fait recueil des autorités des docteurs, qui ont traité cette matière résout qu'en une semblable donation la loi *Si unquam* n'a pas lieu. M. Charles Dumoulin est aussi du même sentiment sur l'art. 169 de la coutume de Blois, qui porte que donner et retenir ne vaut, où il ajoute *nisi in mutuâ quæ proprie donatio non est* [1]. » Mais Pothier était d'opinion contraire : « Nonobstant

[1] Traité du don mutuel. Tr. 1, ch. I n° 7.

ces raisons, on doit décider que le don mutuel entre mari et femme, tel qu'il est permis par l'article de la coutume, renferme de *véritables donations mutuelles et réciproques* que chacun des époux fait à l'autre en cas de survie. Ces donations ne sont à la vérité ni si pures ni si parfaites que l'est une donation pure et simple, mais elles ne laissent pas d'être de véritables donations [1]. » C'est l'opinion de Pothier qu'il faut suivre, les motifs sont toujours les mêmes, et le Code soumet formellement ces donations à la révocation pour cause de survenance d'enfants (art. 960).

Quant aux donations rénumératoires, nous donnerons une décision analogue à celle que nous avons présentée plus haut sur les donations avec charges. Les juges auront encore ici un large pouvoir d'appréciation. Y a-t-il disproportion entre l'objet donné et le service rendu. Les juges autoriseront l'action jusqu'à concurrence de la différence sans que les créanciers aient à prouver la complicité ; mais si le tiers a reçu une récompense qu'on puisse considérer comme le prix équitable du service rendu, on ne peut plus le traiter comme un donataire.

La question est beaucoup plus délicate quand il s'agit de la constitution de dot ; on est loin de s'entendre sur ce point.

On accorde d'une façon à peu près unanime que la constitution de dot doit être traitée comme un acte à titre onéreux à l'égard du mari. Sur quoi se fonde-t-on pour appuyer cette doctrine ? Les jurisconsultes

[1] N° 129. Donation entre mari et femme.

Romains le décidaient déjà ainsi comme le prouve la loi 25 du titre *quæ in fraud. credit.* — Dans notre ancien droit, on suivait la même théorie ; Furgole nous dit en effet : « Si le mari a reçu la dot, on distingue s'il a connu la fraude ou non ; au second cas, les créanciers ne peuvent pas agir contre lui parce qu'il est considéré comme créancier ou comme acheteur ; mais au premier cas, la révocation a lieu [1]. » La tradition est donc favorable à ce système, et tel semble bien être l'esprit de notre Code : La dot n'est pas révocable pour cause d'ingratitude, elle entraîne garantie ; les intérêts en courent de plein droit ; or ce sont là des dispositions exceptionnelles, contraires aux règles générales en matière de donations ; il est donc permis de croire que la constitution de dot doit être traitée comme un acte à titre onéreux, au moins à l'égard du mari, et telle est aussi l'opinion généralement adoptée.

Mais en est-il de même au point de vue de la femme ? C'est là le point délicat, la plupart des auteurs tiennent pour la négative ; ils invoquent la loi Romaine, et cet argument est d'une grande force dans une matière qui en découle en ligne directe. Venulcius nous dit en effet dans la loi 25 § 1 (du titre *quæ in fraud cred.*) : « *At si neuter scierit quidam existimant nihilominus in filiam dandam actionem, quia intelligitur quasi ex donatione aliquid ad eam pervenisse.* » Les jurisconsultes Romains traitaient donc la femme comme une donataire. Furgole répétait

[1] Testam. T. 4 ch. 11, sect. 1 n° 20.

cette distinction dont Dumoulin nous donne des motifs : « *Respectu vero mariti, cui dos datur, non dicitur proprii donatio, sed donatio et titulus onerosus, etiamsi dos detur ab extraneo, qui dotare non tenebatur. Quamvis enim iste donet vere respectu mulieris, tamen, dando marito, nihil proprie donat marito. Non enim dat ut sit patrimonium viro, sed mulieri; viro autem tantum in dotem dat, et sic temporarie et pro oneribus matrimonii*[1]. » Cette distinction, dit-on, est fort logique; l'homme, en se mariant, contracte des obligations fort lourdes et qui ne peuvent que s'aggraver; c'est lui qui devra nourrir sa femme, ses enfants, entretenir son ménage; peut-on le traiter comme un acquéreur à titre gratuit? peut-on dire qu'il lutte pour conserver un gain, pour faire un bénéfice? Non, il est beaucoup plus naturel de le considérer comme un acquéreur à titre onéreux, car il peut très-bien répondre, sans qu'on puisse lui reprocher uue spéculation : Je ne me serais pas marié si je n'avais compté sur la dot de ma femme pour m'aider à supporter les frais de la vie commune. La femme, au contraire, ne peut tenir un pareil langage, ce n'est pas sur elle que tombe le fardeau. — Tel est en peu de mots le système que la plupart des auteurs enseignent[2] et que nous développerons plus complétement en défendant l'opinion contraire.

La jurisprudence décide que la constitution de dot doit toujours être traitée comme un acte à titre oné-

[1] De Donationibus in contrac. matrim. factis n° 62.

[2] MM. Toullier, Merlin, Duranton, Proudhon, Zachariæ, Troplong.

reux, aussi bien à l'égard de la femme qu'à l'égard du mari [1], et cette doctrine me semble préférable. Les créanciers ne peuvent donc agir contre la femme qu'en prouvant sa complicité.

Nous commencerons par nier d'une façon absolue le sens qu'on attribue dans l'opinion contraire à la loi 25. Certains auteurs, dit Vénulcius, donnent dans ce cas action contre la femme, même de bonne foi, mais le jurisconsulte nous semble rejeter tout à fait cette décision, la suite du texte le prouve. Il est inutile de revenir sur ce point qui a trouvé sa place dans l'étude que nous avons faite de l'action Paulienne en droit romain. La base première de la distinction fait donc défaut, et ce point a, comme nous l'avons fait remarquer, une importance considérable. Le premier système est-il, du reste, aussi fondé qu'il le prétend? Il y a, dit-on, une grande différence entre le mari et la femme, le mari profite de la dot, mais à quel prix? Il doit supporter toutes les charges du mariage, subvenir aux besoins, à l'entretien de toute la maison; il n'en est pas de même à l'égard de la femme; est-ce bien vrai? ne devra-t-elle pas plus tard en supporter tout le poids, si elle devient veuve, ne doit-elle pas y contribuer dès à présent si les ressources du mari sont insuffisantes? Les Romains ne distinguaient pas, eux qui pratiquaient le régime dotal, et nous qui avons créé le régime de communauté, qui en avons fait le régime de droit commun, nous refuserions à la femme le même secours! Quelle est l'idée qui a dicté

[1] C. de Cass. 2 mars 1847, — 23 Juin 1847, — 14 mars 1848.

ce régime nouveau ? C'est l'idée de collaboration, nos ancêtres ont trouvé que la femme était aussi nécessaire que le mari dans l'intérieur du ménage, qu'elle était aussi nécessaire à la prospérité commune ; comment soutenir que le mari fait un contrat à titre onéreux et que la femme reçoit une donation pure et simple ?

Je reconnais du reste qu'on ne peut invoquer ici le principe de l'irrévocabilité des conventions matrimoniales ; pas plus que celui de l'irrévocabilité des donations, il ne met les tiers à l'abri de l'action Paulienne.

On nous oppose l'art. 894. Qu'est-ce qu'une donation? Un acte par lequel une personne se dépouille actuellement et irrévocablement en faveur du donataire ; cette définition convient parfaitement à la constitution de dot; dès lors, pourquoi exiger la complicité de la part de la femme ? Cet argument ne me semble pas avoir de valeur : il s'agit précisément de savoir s'il faut appliquer à la constitution de dot les règles des donations entre vifs, et nos adversaires eux-mêmes y font exception en faveur du mari. Et puis, si c'est une donation, c'est du moins une donation avec charges, et il faut prouver la complicité du donataire.

MM. Aubry et Rau voient une grande différence entre les obligations contractées par le mari et celles contractées par la femme ; aux yeux de ces savants jurisconsultes, elles ne sont pas quant à la femme *inhérentes à la constitution dotale*, elles ne peuvent être considérées comme y étant *corrélatives*. Cette distinction me paraît trop subtile pour être admise, ce sont en effet des charges de même nature et naissant le même jour pour la femme comme pour le mari, et il me semble difficile d'introduire une distinction aussi radicale.

Nous invoquons les art. 1440 et 1547 qui prononcent la garantie aussi bien en faveur de la femme qu'en faveur du mari. Tout le monde s'appuie sur ces dispositions pour prouver que la constitution de dot a reçu des règles spéciales, au moins à l'égard du mari; or elles sont générales; si on les trouve bonnes à l'endroit du mari, il faut en tirer la même conclusion à l'égard de la femme.

On objecte enfin qu'il sera en général fort difficile de prouver la mauvaise foi de la femme; dès lors, dit-on, les créanciers vont se trouver sans défense, et le législateur aurait permis à un débiteur insolvable de ruiner ses créanciers en assurant à sa fille une brillante position dans le monde! il n'a pas dû permettre un calcul aussi scandaleux.

Sans doute, les créanciers peuvent se trouver gravement lésés, mais peut-être aussi n'ont-ils pas veillé à leurs intérêts. Ne sommes-nous pas aussi fondés à dire que le législateur n'a pas pu permettre à des créanciers négligents d'enlever à une femme de bonne foi l'aisance qui lui permet de subvenir à ses besoins et d'élever honnêtement sa famille?

Dans un troisième système on prétend que la constitution de dot doit être traitée comme un acte à titre gratuit tant à l'égard de la femme qu'à l'égard du mari[1]. La simple fraude du dotateur suffit donc à ou-

[1] M. Krug-Basse. Revue critique. T. 14, p. 257. Riom, 26 mai 1848.

vrir l'action Paulienne sans qu'on ait à s'inquiéter de la bonne ou mauvaise foi des époux. Mais cette opinion n'a pas fait fortune, elle est en effet contraire à la tradition, et les dispositions exceptionnelles de la loi touchant la garantie, le cours des intérêts, etc., deviennent inexplicables.

Les créanciers doivent prouver la complicité du mari, non-seulement quand la dot a été constituée par les parents de la femme, mais aussi quand elle émane d'un tiers ou de la femme elle-même [1].

Supposons maintenant une dot constituée au mari ; la Cour de Cassation range encore cette constitution parmi les actes à titre onéreux, et cette division me semble fort logique [2]. Du moment qu'on traite la constitution de dot faite à la femme comme un acte à titre onéreux, même à son égard, il faut admettre évidemment la même solution quand il s'agit d'une dot constituée au mari et exiger sa complicité pour que les créanciers puissent triompher dans leur action.

Quant aux donations entre époux, lors même qu'elles sont faites par contrat de mariage et avec clauses de réciprocité, tout le monde est d'accord pour les ranger parmi les actes à titre gratuit [3].

Supposons qu'une personne obérée paie une dette échue ou constitue une hypothèque, le tiers ainsi satisfait est-il soumis à l'action Paulienne, s'il avait connaissance de l'insolvabilité du débiteur ? Les jurisconsultes romains décidaient qu'il n'avait pas à craindre

[1] C. de Cass. 6 juin 1849.

[2] 14 mars 1848.

[3] C. de Cass. 6 juin 1849. — Zachariæ § 313 p. 94. T. III.

un pareil recours, il n'y a pas eu dol de sa part, *suum recepit*. La doctrine et la jurisprudence sont d'accord pour admettre cette solution. Le créancier ainsi payé ou garanti n'a fait qu'user de son droit, il a veillé à ses intérêts, tant pis pour ses créanciers négligents : *Jus civile vigilantibus scriptum est*. Mais s'il est prouvé que ces actes ont eu lieu bien moins pour satisfaire l'intérêt légitime du créancier que dans le but concerté de diminuer frauduleusement le gage commun, l'action révocatoire serait admise.

Nous donnerons la même décision au cas où le débiteur contracterait de nouvelles dettes. Il a conservé l'administration de son patrimoine, il doit donc pouvoir s'obliger, bien qu'il sache son insolvabilité actuelle, et les nouveaux créanciers, qui ont traité en connaissance de cause, n'ont pas néanmoins à redouter l'action Paulienne, ils viendront soit au marc le franc, soit même par préférence aux créanciers antérieurs, s'ils se sont fait donner des sûretés particulières ; nous ferons toutefois la même restriction que dans l'espèce précédente. Il y aura lieu à une appréciation des faits ; les tribunaux de première instance, les Cours d'appel seront, dans les limites de leur compétence, juges suprêmes en pareille matière ; et leurs décisions échapperont à l'examen de la Cour souveraine [1].

[1] Zach. et Aubry et Rau. T. III §3 13. 4.

CINQUIÈME CHAPITRE

Qui peut intenter l'action Paulienne ?

L'action Paulienne est un secours accordé aux créanciers, le débiteur ne peut donc en user; il doit respecter les actes qu'il a consentis ; nous connaissons le principe : *Nemo auditur propriam turpitudinem allegans.*

Il n'y a pas à distinguer entre les créanciers chirographaires ou hypothécaires ; l'art. 1167 est général, et les principes sur lesquels repose l'action Paulienne ne souffrent pas une pareille distinction. Les créanciers hypothécaires ont une double action, une action réelle hypothécaire et une action personnelle ; la première suffira souvent à la satisfaire, et dans ce cas ils ne recourront certainement pas à l'action Paulienne qui présente une foule de difficultés, de discussions et de preuves; mais le gage dont ils sont nantis peut ne pas être assez considérable pour les remplir de leurs droits ; rien ne s'oppose alors à ce qu'ils profitent de l'action révocatoire.

Que décider en supposant que l'hypothèque porte sur l'immeuble frauduleusement aliéné ? Je crois que le créancier a encore le choix ; par l'action Paulienne, il obtiendra peut-être des restitutions plus considérables que par l'action hypothécaire. Si l'hypothèque est éteinte, le créancier a toujours la ressource de l'action révocatoire.

Permettrons-nous aux créanciers à terme ou conditionnels d'exercer l'action Paulienne? Quant aux créanciers à terme, l'affirmative me semble hors de doute. On objectera peut-être que l'action révocatoire est un moyen extrême, qu'on ne l'accorde qu'après discussion complète des biens du débiteur, et que le créancier à terme ne peut faire cette discussion. Cette objection n'a pas grande force. Aux termes de l'art. 1188, le débiteur perd le benéfice du terme quand il fait faillite (nous ajouterons : tombe en déconfiture) ou diminue par son fait les sûretés de ses créanciers ; or, il est évident qu'en amoindrissant son patrimoine par des actes frauduleux, le débiteur diminue le gage commun, l'action Paulienne ne peut du reste être intentée que si le débiteur est insolvable : les créanciers à terme pourront donc discuter les biens de leur débiteur aux termes de l'art. 1188, et dès lors rien ne s'oppose à ce qu'ils exercent l'action révocatoire s'ils réunissent les conditions exigées par la loi.

Quant aux créanciers conditionnels, la question est plus délicate et je suis porté à donner la décision contraire, nous ne pouvons plus en effet nous appuyer sur l'art. 1188 ; l'art. 1180 leur permet, il est vrai, de faire *pendente conditione*, les actes conservatoires de leurs droits, mais il me semble difficile de ranger parmi les actes conservatoires l'exercice d'un secours aussi extraordinaire que l'action Paulienne.

Les créanciers antérieurs à l'acte frauduleux peuvent seuls l'attaquer, seuls ils peuvent se plaindre ; les créanciers postérieurs n'ont jamais pu compter sur ce bien qui ne se trouvait plus dans le patrimoine de leur débiteur lorsqu'ils ont contracté avec lui ; le gage des créanciers porte bien sur la fortune actuelle et future, mais nullement sur la fortune passée ; ils n'ont donc pas souffert de préjudice et ne peuvent agir. C'est ce système que nous trouvons formellement adopté par notre législateur dans l'art. 1053. Il n'y a aucune raison pour restreindre cette décision au cas de renonciation à une substitution ; les motifs sont les mêmes ; la doctrine et la jurisprudence sont d'accord pour l'appliquer d'une manière générale [1].

Il ne faut pourtant pas entendre cette règle d'une façon tout à fait mathématique ; peut-être y a-t-il eu concert frauduleux dans le but de nuire à des créanciers postérieurs, de les dépouiller d'une partie du gage sur lequel ils ont le droit de compter. En cas pareil, la jurisprudence avec toute raison leur permet d'agir. Ne souffrent-ils pas un préjudice? Ne sont-ils pas victimes d'une fraude dirigée contre eux ? Il serait injuste de leur refuser un pareil secours, et il serait contraire à l'esprit de notre loi d'appliquer les principes avec une rigueur aussi judaïque [2].

Il est fort important, comme nous venons de le voir, de distinguer entre les créanciers antérieurs et ceux postérieurs à l'acte frauduleux. D'après l'art. 1328 les actes sous seing privé n'acquièrent date cer-

[1] MM. Delvincourt II, p. 526. — Toullier VI, n° 351. — Duranton X, p. 573. Capmas n° 68.
C. de Cass. 30 juin 1849. — Nimes 18 décembre 1849.

[2] C. de Cass. 2 février 1852.

taine à l'égard des tiers que par trois modes limitativement déterminés, faut-il appliquer cette disposition ? La jurisprudence s'y refuse et MM. Aubry et Rau défendent cette doctrine [1] : « Cet article, disent-ils, dont l'unique objet est de garantir contre toute possibilité de fraude tentée à l'aide d'antidates les tiers dont les titres ne sont pas d'ailleurs impugnés, est évidemment étranger à l'hypothèse dont il est ici question. » D'après ces savants jurisconsultes, c'est au défendeur à prouver l'antidate, dont il voudrait arguer. Ce raisonnement ne m'a pas convaincu ; l'art. 1328 est une disposition générale qui domine toute notre législation, et je ne vois pas que le législateur y ait fait exception en notre matière. On prétend que le dol n'est pas à craindre, et pourquoi non ? Faut-il supposer tant de délicatesse à un débiteur qui a déjà commis une véritable fraude ? Quant au créancier, on ne met pas sa bonne foi en doute, mais on lui demande de prouver son droit, d'en fixer la date, on lui applique les règles générales posées par la loi, il n'est pas fondé à se plaindre, c'était à lui à prendre ses précautions, à veiller à ses intérêts.

Il peut arriver qu'un créancier postérieur ait droit d'exécuter l'action Paulienne, c'est ce qui arrive au cas de subrogation ; cette décision était déjà suivie en droit Romain. La personne qui jouit du bénéfice de la subrogation légale ou conventionnelle peut exercer l'action révocatoire quant aux actes frauduleux posté-

[1] Arr. de rejet 30 janvier 1827. — 14 décembre 1829. — Bordeaux 19 décembre 1836.

MM. Aubry et Rau sur Zach, § 313 n° 11.

rieurs à la créance primitive. Il ne faut pas voir là du reste une dérogation au principe que nous venons de poser ; le sujet du droit a changé, il est vrai, mais le droit est resté le même ; la subrogation ayant pour effet de revêtir le subrogé des droits et actions du subrogeant, il est évident que le droit d'intenter l'action Paulienne né en la personne du subrogeant doit appartenir au subrogé.

A Rome, les créanciers n'exerçaient pas par eux-mêmes l'action révocatoire ; ils nommaient des curateurs qui étaient chargés non-seulement de préparer les opérations de la vente, mais aussi d'intenter l'action Paulienne, s'il y avait lieu. Il y a là, comme nous l'avons déjà fait remarquer, une grande analogie avec ce qui se passe chez nous en matière de faillite. Les syndics jouent à peu près le même rôle que les *curatores* du droit Romain ; comme eux ils désignent les actions contre les personues qui doivent rapporter à la masse.

Mais hors du droit commercial, nous ne trouvons rien de semblable ; les créanciers agissent chacun séparément et en leur nom personnel. Ils instruisent donc eux-mêmes l'action Paulienne, et il faut leur appliquer la règle : *Res inter alios judicata aliis neque nocet neque prodest.* Les juges qui ont déclaré aujourd'hui telle aliénation nulle à l'egard de Primus, peuvent demain la déclarer valable à l'égard de Secundus, en alléguant que la fraude n'est pas prouvée. L'exemple sera rare dans la pratique, mais en théorie les tribunaux restent libres, et nous avons en matière de paternité et de filiation des preuves judiciaires plus rappantes encore du principe que nous venons de rappeler.

SIXIÈME CHAPITRE

Quelle est la nature de l'action Paulienne?

Quelle est la nature de l'action Paulienne? Est-elle réelle, personnelle ou mixte? La question n'est embarrassante que quand il s'agit de faire révoquer une aliénation, dans tous les autres cas, remise de dettes, création d'obligations, etc., l'action est bien évidemment personnelle: le doute ne se comprendrait pas.

Mais la question est loin d'être aussi claire quand on se trouve en présence d'une aliénation, et elle est d'autant plus difficile que la théorie des actions mixtes est par elle-même fort épineuse. Des auteurs considérables vont jusqu'à penser que les actions mixtes n'existent pas. Ce point est donc fort délicat à étudier, et, il faut l'avouer, d'une utilité assez minime, car on est à peu près d'accord sur les résultats.

Des jurisconsultes de grand poids pensent que l'action est toujours personnelle[1]. On appuie tout d'abord ce système sur la tradition; ce point de départ peut être discuté; il y en avait en droit Romain deux ac-

[1] MM. Aubry et Rau sur Zach., 313 n° 32.

tions, l'une personnelle, l'autre réelle ; l'action réelle fut même à notre avis créée après l'action personnelle, elle fut admise comme un progrès, afin de venir plus efficacement en aide aux créanciers malheureux. Est-il permis de croire que notre législation ait fait un pas en arrière ? On invoque de plus l'ancienne jurisprudence, et voici un passage de Domat cité à l'appui de cette opinion : « Quoique les fraudes au préjudice des créanciers se fassent souvent par des conventions entre les débiteurs et ceux qui sont avec eux d'intelligence, les engagements qui naissent de ces fraudes et qui obligent envers les créanciers ceux qui y participent ne laissent pas d'être du nombre des engagements qui se forment sans convention ; car il ne s'en passe aucun entr'eux et le créancier[1]. » De ce passage résulte, dit-on, que l'action Paulienne était personnelle dans notre ancien droit; j'avoue que je ne comprends en aucune façon cette manière de raisonner. Que dit Domat ? Le tiers se trouve obligé envers les créanciers sans qu'il y ait eu convention entre eux, son engagement naît d'un délit ou d'un quasi-délit civil ; mais l'action en bornage, l'action en partage naissent d'un quasi-contrat, il y a là aussi un engagement qui se forme sans convention, dira-t-on que ces actions sont personnelles ? Ce serait aller contre le texte formel de la loi ; on ne peut donc tirer aucun argument de ce passage de Domat.

Si l'action Paulienne est réelle, ajoute-t-on, elle suit l'immeuble dans les mains de tout détenteur, or

[1] Lois civiles X- 1 - 2.

il est faux de dire que tous les tiers acquéreurs sont soumis à ce recours ; on est obligé de reculer devant les conséquences du principe, il faut donc décider que le principe lui-même est faux. Il est facile de répondre à cette argumentation ; nous rappellerons d'abord que dans une opinion défendue par des autorités fort graves on applique la règle: *Nemo plus juris transferre potest quam ipse habet.* Dans ce système, la bonne foi ne met pas les sous-acquéreurs à l'abri de l'action Paulienne ; mais nous avons repoussé cette doctrine, nous ne pouvons donc l'invoquer maintenant à notre appui. Nous répondrons que le caractère qu'on nous oppose est bien de la nature des actions réelles, mais n'est pas de leur essence ; nous nous sommes étendu sur ce point dans la première partie de la thèse et nous l'avons prouvé par des exemples.

Je crois que l'action Paulienne est mixte. Pothier nous indique en ces termes les caractères des actions mixtes : « Il y a des actions proprement mixtes dont la nature participe de celle des actions réelles et de celle des actions personnelles. On en compte trois : l'action en bornage entre voisins, l'action de partage d'une succesion entre des cohéritiers, et l'action en partage de quelque autre chose que ce soit. — Elles participent de la nature de l'action réelle ou de revendication en ce que le voisin réclame et revendique en quelque façon, par cette action, la partie limitrophe de son héritage, qui doit être fixée et déterminée par le bornage ; le cohéritier ou copropriétaire réclame la portion qui lui appartient dans la succession ou la chose commune qui doit être déterminée par le partage. Elles participent de la nature des actions personnelles en ce qu'elles naissent d'un engagement personnel ; l'action en bornage naît de l'engagement respectif que le voisinage forme *quasi ex contractu* entre les voisins, qui oblige chacun d'eux à borner leurs héritages, lorsque l'un d'eux le requiert; les actions de partage naissent de l'engagement que la communauté ou indivis forme entre des cohéritiers ou copropriétaires, qui oblige chacun d'eux à partager la succession ou autre chose qui leur est commune, lorsque l'un d'eux le requiert[1]. »

Trouvons-nous dans l'action Paulienne un engagement personnel qui y donne naissance? Évidemment oui, l'action révocatoire naît de la fraude qui a été commise. Il ne s'agit pas ici d'un quasi-contrat mais d'un délit ou quasi-délit dont il est dû réparation. Nous trouvons donc ce premier caractère.

Quant à l'élément réel, on nous le dénie; où est-il en effet? Les créanciers sont-ils propriétaires? Evidemment non, dire qu'ils sont créanciers et qu'ils agissent en cette qualité, c'est nier l'existence du droit réel, second élément nécessaire à l'existence d'une action mixte. Cette argumentation, il faut le reconnaître, est embarrassante, je crois cependant qu'on peut y répondre. Nous savons que l'aliénation frauduleuse n'a pas pour effet de diminuer le patri-

1 Introd. générale aux Cout. § 121. Il faut se garder de prendre cette énumération d'une façon limitative. Pothier lui-même au § 122 classe parmi les actions mixtes : l'action en reméré, — l'action en résolution de vente pour défaut de paiement, — l'action en résolution de vente pour vilité de prix. Telle était aussi l'opinion de Furgole et Loyseau.

moine à l'égard des créanciers antérieurs; les biens ainsi acquis continuent vis-à-vis d'eux à faire partie de la fortune de leur débiteur; c'est là le fondement même de l'action Paulienne. Cet effet n'est que relatif, il est vrai, mais il a lieu pour tous les créanciers antérieurs à l'acte frauduleux; l'élément réel existe donc. On nous objectera peut-être qu'une pareille supposition est impossible; comment les créanciers pourraient-ils trouver dans le patrimoine de leur débiteur un droit dont il ne peut user lui-même? Nous avons déjà répondu à cette objection; le donateur ne peut agir lui-même en réduction des donations qu'il a faites, et cependant ses héritiers réservataires ont ce droit.

Comment dès lors le défendeur peut-il repousser l'action des créanciers en offrant de les désintéresser? Si leur action n'est pas personnelle, il semble qu'ils devraient toujours obtenir l'abandon du bien aliéné. Cette objection n'est pas sérieuse. L'action en rescision pour vilité du prix est, elle aussi, une action mixte, c'est ainsi qu'on la considérait dans notre ancien droit, et rien dans le Code n'indique une innovation en cette matière; le vendeur est-il toujours certain de recouvrer l'immeuble aliéné? En aucune façon, le défendeur peut repousser l'action en payant le supplément du prix sous la déduction d'un dixième du prix total (art. 1681).

Je laisse de côté un argument qu'on tire souvent de la dénonciation même de notre action, *action révocatoire*. On a fait observer avec raison que le mot *revocare* se trouve plusieurs fois dans le titre *quæ in fr. cred.*, qui ne parle cependant que de l'action personnelle. Cette dénomination s'explique très-bien du reste, quelle que soit l'opinion qu'on adopte ; elle sera plus juste, il est vrai, dans la nôtre, mais cet argument de mots n'a à mes yeux qu'une valeur fort mince.

Nous pouvons à notre tour faire une objection grave à nos adversaires. Vous pensez que l'action Paulienne est personnelle, que c'est une simple action en dommages intérêts ; si le tiers acquéreur est insolvable, les créanciers ne pourront donc toucher qu'un dividende, et le secours accordé par la loi sera tout à fait inefficace. C'est ce qui se passait à Rome avant la création de l'action réelle, et on l'a précisément instituée dans le but de remédier à ce grand inconvénient. Le Code serait donc moins parfait que la loi Romaine, et il n'aurait pas su profiter de son expérience ; aussi nos adversaires reculent-ils en général devant une pareille conséquence ; ils invoquent l'équité pour donner à leur action un certain caractère de réalité, et ils construisent dès lors un système bâtard et contraire aux principes. De deux choses, l'une : ou l'action est personnelle, ou elle ne l'est pas ; nous n'avons pas dans nos lois de pareilles actions, personnelles en présence d'un débiteur solvable, réelles en présence d'un insolvable, mixtes peut-être, en présence d'une personne hors de l'arrondissement. Ce système rappelle la fable de la chauve-souris et des deux belettes.

L'action Paulienne est donc mixte à mes yeux ; le tiers qui, pour échapper à la poursuite des premiers créanciers, a payé le montant de leurs droits, ne peut échapper à une nouvelle action en prouvant qu'il a payé au-delà de la valeur du bien. Il y a une certaine analogie entre ce tiers acquéreur soumis à l'action Paulienne, et le tiers acquéreur soumis à l'action hypothécaire ; toutefois cette ressemblance est loin d'être parfaite ; l'acquéreur qui paie son prix aux créanciers hypothécaires, jouit de la subrogation légale (art. 1251); il n'en est pas ainsi du tiers qui, sur l'action Paulienne, satisfait les créanciers poursuivants.

Je terminerai en critiquant un arrêt de la cour de Cassation du 5 février 1856 ; la cour suprême a décidé que les juges pouvaient condamner le tiers encore nanti de la chose, non à l'abandonner aux créanciers, mais à les satisfaire jusqu'à concurrence de la valeur de l'objet. Il y a là, je crois, une brèche faite aux principes ; sans doute le tiers peut repousser l'action des créanciers en les désintéressant, mais c'est là une faculté, libre à lui d'en profiter ou de faire l'abandon du bien. Jamais un tribunal n'oserait condamner un acheteur à vil prix à payer un supplément fixé par la loi, le tiers se trouve dans une portion analogue. Quel est en effet le but de l'action Paulienne? C'est d'obtenir la révocation relative de l'acte frauduleux, rien de plus. La cour de cassation, dans cet arrêt, me semble donc avoir outrepassé la loi. Le tiers est encore sous ce rapport dans une situation analogue à celle de l'acquéreur soumis à l'action hypothécaire ; il peut satisfaire les premiers créanciers, mais n'échappe pas pour cela à l'action des autres ; les juges ne peuvent donc les condamner à user d'un moyen qui n'assure pas en droit leur tranquillité.

SEPTIÈME CHAPITRE

Effets de l'action Paulienne.

Supposons maintenant que l'action Paulienne a été intentée à bon droit, et demandons-nous quels effets elle va produire.

Tous les créanciers vont-ils profiter des résultats ainsi obtenus, et d'abord distinguerons-nous entre ceux antérieurs et ceux postérieurs à l'acte attaqué? On est loin d'être d'accord sur ce point. Des auteurs du plus grand poids et un arrêt de la cour de cassation repoussent toute distinction [1]. Voici en peu de mots l'exposé de ce système. L'action Paulienne fait rentrer le bien dans le patrimoine du débiteur puisque l'aliénation en est rescindée; tous les créanciers doivent donc venir sur lui en concurrence, au marc le franc, sauf les cas de privilége et hypothèque, les causes de préférence légitime (art. 2093); ce bien rentre en effet dans le gage commun des créanciers.

Dans un autre système [2], que je crois plus lo-

[1] MM. Duranton X, n° 574. — Marcadé art. 1167-VI. — Pont priv. et hyp. n° 18.

C. de Cass. 12 avril 1836.

[2] MM. Proudhon. Usufr., n° 2369.—Aubry et Rau sur Zach., 313 notes 35 et 36. — Capmas n° 85. — Mourlon, Répét. écrites.

gique, les créanciers antérieurs peuvent seuls profiter des résultats obtenus. N'est-il pas singulier, en effet, de voir les créanciers antérieurs avoir seuls le droit d'intenter l'action Paulienne, et être obligés d'en partager le bénéfice. Bien plus, supposons que le demandeur qui a triomphé soit le créancier chirographaire et qu'il se trouve en présence d'un créancier postérieur mais privilégié, ce dernier prendra peut-être tout l'émolument. Ne serait-ce pas le cas de répéter : *Sic vos non vobis?*

Et pourquoi donc les créanciers postérieurs profiteraient-ils du résultat produit par une action qu'ils n'avaient pas le droit d'intenter ? Ce recours extraordinaire est accordé pour couvrir les créanciers du préjudice inique causé par la fraude de leur débiteur, quel est le préjudice causé aux créanciers postérieurs? Ils ne pouvaient en aucune façon compter sur un bien qui ne se trouvait plus dans le patrimoine de leur débiteur au moment où ils ont traité avec lui ; il n'y a pas eu fraude commise à leur endroit. Ainsi pour réparer un préjudice imaginaire on enlève à d'autres l'indemnité qui leur est due. A quel résultat aboutirait une pareille loi ? A encourager la fraude, car elle la laisserait très-souvent impunie ; les créanciers antérieurs, à qui seuls appartient le droit d'agir, se soucieraient fort peu en effet dans la plupart des cas d'entreprendre une instance difficile et dangereuse pour arriver à un résultat d'une importance à peu près nulle ; la victoire serait fort douteuse et toujours chèrement achetée, ils aimeraient mieux renoncer à un bénéfice minime et fort chanceux qu'intenter un procès qu'ils soutiendraient seuls et qui profiterait à tous.

Une pareille législation serait donc fort singulière, elle serait de plus immorale dans ses résultats pratiques ; on prétend néanmoins que les principes conduisent nécessairement à cette solution ; l'aliénation étant rescindée, le bien est considéré comme faisant toujours partie du patrimoine et l'art. 2093 est formel. Cette argumentation très spécieuse au premier abord n'est à mes yeux qu'une pure pétition de principe. Le bien aliéné, dit-on, rentre dans le patrimoine, il devient dès lors le gage commun de tous les créanciers, mais c'est là précisément qu'est la question ; le bien rentre-t-il dans le patrimoine *erga omnes* ou seulement d'une façon relative ? L'action Paulienne n'est pas une action en nullité, l'acte attaqué reste toujours debout ; le débiteur avait droit de le faire ; le législateur ne veut pas laisser les créanciers sans ressource en présence de la fraude de leur débiteur, il leur accorde une sorte de recours prétorien, en paralysant à leur égard les effets de l'acte incriminé ; mais l'acte en lui même est et reste valable à l'égard de toutes autres personnes. Voilà ce que nous prétendons en nous appuyant sur les motifs de l'action révocatoire et sur le texte même de la loi. Si l'acte tombe *erga omnes*, si l'action Paulienne est une véritable action en nullité, le débiteur lui même doit avoir le droit de s'en prévaloir et on ne peut plus comprendre l'art. 788. — *La reconciation n'est annulée que jusqu'à concurrence de leurs créances*, dit cet article ; il est difficile, je crois, d'expliquer cette restriction dans l'autre système. Le législateur en effet ne suppose pas que le débiteur soit mort, et les créanciers postérieurs même à la première demande pourront toujours agir contre l'héritier en sous ordre tant que la prescription ne sera pas acquise contre eux. Cette restriction devient dès lors à peu près illusoire, ce qu'on ne doit pas aisément supposer dans un texte de loi ; de plus, la position de cet héritier sera extrêmement critique, ce qu'il est également difficile d'admettre ; il serait injuste en effet de faire retomber sur lui la faute d'un autre.

Le point de départ du système contraire me semble donc faux, et les déductions qu'on en tire tombent avec lui ; en conséquence nous déciderons que les créanciers postérieurs à l'acte attaqué ne peuvent profiter de cette révocation ; nous faisons toujours nos réserves à l'égard des créanciers subrogés ou de ceux auxquels le débiteur avait l'intention de nuire par un acte anticipé.

Les créanciers antérieurs ont donc seuls, à notre avis, le droit de profiter du bénéfice de l'action Paulienne, comme ils ont seuls le droit de l'intenter ; est-ce à dire que l'action révocatoire une fois admise tous les créanciers antérieurs peuvent s'en partager l'émolument sans avoir pris part à l'instance ? Je ne crois pas que cette conclusion soit juste ; nous connaissons le pricipe : *Res inter alios judicata aliis neque nocet neque prodest* ; il faut l'appliquer. Les créanciers qui ont intenté les premiers l'action Paulienne n'avaient en effet aucun mandat de la part des autres ; ils ont agi en leur nom personnel ; si d'autres créanciers veulent former la même demande, ils devront à leur tour prouver le préjudice, la fraude, et, s'il y a lieu, la complicité du tiers. L'acte est valable en lui même ; l'action Paulienne, avons nous dit, en paralyse les effets à l'égard de la personne qui triomphe, mais il n'y a là qu'un résultat purement relatif ; le créancier qui a obtenu gain de cause peut seul s'en prévaloir. Dans la pratique, il est probable que le tiers et les créanciers s'arrangeront de façon à éviter les frais de de nouvelles instances, mais en théorie le principe : *Res inter alios judicata* doit être observé.

Voyons maintenant quels sont les effets de l'action Paulienne à l'égard des tiers qui succombent. Les jurisconsultes Romains faisaient une grande distinction qu'on suit encore aujourd'hui : le tiers est-il complice ? Cette question ne se pose que pour les acquéreurs à titre gratuit, la complicité est en effet une condition essentielle de l'action Paulienne contre les acquéreurs à titre onéreux. Si le donataire est complice, on le traite comme un possesseur de mauvaise foi ; s'il n'est pas complice, au contraire, on applique les règles posées par la loi à l'égard du possesseur de bonne foi.

Si le tiers est de mauvaise foi, il devra rendre tous les fruits qu'il a perçus, et même ceux qu'il a négligé de percevoir depuis son entrée en jouissance (art. 549) ; il devra payer également les intérêts à compter du jour où il a reçu la somme (art. 1378). Est-il de bonne foi, au contraire, il n'est tenu de restituer que dans les limites de son enrichissement et garde tous les fruits qu'il a pu retirer de la chose. Cette distinction est fort juste; il serait inique d'enlever au possesseur de bonne foi les revenus qu'il a recueillis, il les considérait comme lui appartenant et il a dû augmenter ses dépenses en proportion de cet accroissement de fortune. Le forcer à rendre les profits périodiques, qu'il a ainsi touchés, serait causer sa ruine. Quant au possesseur de mauvaise foi, on n'a pas à garder les mêmes ménagements envers lui, il devait s'attendre à voir tôt ou tard surgir des réclamations, tant pis pour lui s'il n'est pas en mesure d'y faire face, il n'est digne d'aucune commisération. Telle était également la division du droit Romain ; les textes, il est vrai, ne semblent pour la plupart garantir le possesseur de bonne foi que jusqu'à concurrence des fruits *consommés*, mais M. Pellat pense que ces textes sont interpolés et la plupart des commentateurs actuels se rangent à l'avis du savant doyen.

Quant aux dépenses faites par les tiers, nous ferons encore la même distinction — Les dépenses nécessaires doivent toujours être remboursées, que le tiers ait été ou non complice de la fraude (art. 548, 1381). Pour les dépenses utiles, il importe de distinguer. Le tiers est-il complice ? Les créanciers auront le choix : ou bien ils le forceront à enlever ses ouvrages, ou bien ils lui paieront sans déduction le montant de ses déboursés. S'il est de bonne foi, les créanciers devront lui rembourser ou la plus value ou le montant des dépenses à leur volonté. (art. 555).

Quant aux dépenses voluptuaires, je crois que les créanciers n'ont jamais rien à rembourser ; le tiers peut enlever ce qu'il a fait à ce titre s'il n'en doit résulter aucun dommage pour la chose, mais il ne peut jamais réclamer d'indemnité ; les créanciers ne s'enrichissent pas aux dépens d'autrui, et les art. 1634 et 1635 me semblent tout à fait conformes à cette solution. Je ferai cependant une distinction : si le tiers est de mauvaise foi, les créanciers pourront le forcer à détruire ce qu'il a fait (art. 555), à condition qu'ils y aient un intérêt véritable ; s'il est de bonne foi, ils seront libres de rétablir les lieux dans leur état primitif mais à leurs propres frais.

Supposons maintenant qu'il s'agisse d'un corps certain et qu'il vienne à périr avant la demande des créanciers; que décider quant aux risques? S'il s'agit d'un tiers de bonne foi, l'action des créanciers est éteinte et notre décision reste la même, en supposant qu'il y ait eu négligence ou faute de sa part ; nous connaissons en effet le principe : *qui rem alienam tanquam suam neglexit, nulla pœna tenetur*. Nous pouvons même en tirer un argument *à fortiori*, car il s'agissait *de sa chose propre*. Nous écartons bien évidemment toute pensée de dol ; si le donataire avait détruit la chose pour éviter le recours des créanciers, il serait soumis à la grande règle écrite dans l'art. 1382.

Quid, si le tiers était de mauvaise foi ? Nous appliquerons l'art 1379 et nous le déclarerons responsable même des cas fortuits. Toutefois il ne faut pas étendre la disposition exceptionelle de l'art. 1302 *in fine* ; le tiers, quoique de mauvaise foi, n'est pas un voleur, il sera donc déchargé s'il parvient à prouver que la chose eût également péri chez le débiteur.

Que décider en supposant que le tiers soumis à l'action révocatoire ait aliéné la chose? Il n'échappe pas pour cela à l'action Paulienne ; s'il est de bonne foi, il en sera quitte en restituant le prix qu'il a reçu ; s'il est de mauvaise foi, les créanciers pourront exiger de lui soit le prix s'il est égal ou supérieur à la valeur réelle de l'objet, soit cette valeur véritable dans le cas contraire.

Les créanciers doivent, comme nous l'avons vu, rembourser aux tiers les dépenses nécessaires et dans certains cas partie au moins des dépenses utiles, ces tiers pourront-ils exercer le droit de rétention ? La question peut être controversée, les auteurs ne sont pas d'accord en effet sur l'étendue à donner à ce droit de rétention. Dans une opinion il n'a lieu qu'en vertu d'une disposition expresse de la loi ; or cette disposition fait défaut. Nous n'avons pas à résoudre ici cette question délicate ; je crois que le droit de rétention existe dès qu'il y a *debitum cum re junctum,* c'est-à-dire — 1° possession d'une chose sujette à restitution; — 2° dette de la part du demandeur envers le possesseur;—3° connexité entre la chose retenue et la créance. Ces caractères suffisent à mes yeux à ouvrir le droit de rétention et ils se trouvent réunis dans notre espèce.

Le tiers acquéreur à titre onéreux qui a payé son prix au débiteur, peut-il en demander la restitution aux créanciers ? Le droit Romain faisait une distinction fort juste, et qu'il faut, je crois, reproduire sous l'empire du Code Napoléon. Si le prix versé par l'acquéreur existe encore dans le patrimoine du débiteur, le tiers peut en exiger la restitution ; sans cela en effet les créanciers s'enrichiraient à ses dépens, puisqu'ils profiteraient de la chose et du prix ; mais si le prix a été distrait, dissipé, le tiers acquéreur ne peut en exiger le remboursement.

Le tiers ainsi dépouillé par les créanciers va se trouver en perte ; pourra-t-il se retourner contre le débiteur devenu solvable et réclamer de lui une indemnité? Nous écarterons tout d'abord le donataire, nous savons en effet que le donateur n'est pas soumis à la garantie. Mais la question est vivement discutée dans les autres cas. Supposons tout d'abord une renonciation, et prenons pour exemple la renonciation à la succession. La plupart des auteurs refusent tout recours à l'héritier en sous ordre ainsi dépouillé [1]. La renonciation est annulée jusqu'à concurrence du droit des créanciers ; dès lors, dit-on, les créanciers ont été payés avec les biens de leur débiteur, et celui-ci n'a rien à rendre puisqu'il a payé de ses propres deniers. De plus, si les créanciers peuvent prendre ainsi une part de la succession, ce n'est pas par le fait ou par la volonté de leur débiteur, c'est la loi qui la leur donne; l'héritier en sous ordre ou le cohéritier ne peut donc recourir contre le débiteur qui ne lui fait aucun tort. Malgré les nombreuses autorités qui militent en faveur de ce système, je préfère l'opinion contraire. Le premier argument n'est pas très-décisif, nous l'avons déjà rencontré, je crois qu'il y a là une pétition de principe. La renonciation est annulée, dit-on, dès lors les dettes sont payées des deniers du débiteur; mais l'action Pau-

1 MM. Demante 108 bis n° 3. — Marcadé art. 622 et 788. — Ducaurroy Bonn. et Roust. II, n° 589. — Demolombe III n° 89.

lienne, nous l'avons déjà répété, n'a qu'un effet purement relatif, l'acte est paralysé à l'égard des créanciers qui ont triomphé dans leur demande, il reste valable à l'égard de toutes autres personnes ; l'article 788 le dit en termes formels. Si la renonciation reste debout à l'égard du débiteur, peut-on dire qu'il a payé ses créanciers avec son propre bien ? La négative ne me semble pas douteuse, les dettes ont été payées avec l'argent d'autrui.

On insiste et on dit : Si les créanciers peuvent atteindre la part du renonçant, ils ne tiennent pas ce droit de la volonté de leur débiteur, mais de la loi elle-même. Sans aucun doute c'est la loi qui permet d'agir, et je comprendrais cette manière de raisonner dans la bouche des auteurs qui permettent aux créanciers d'attaquer toute renonciation qui leur cause préjudice. Mais à nos yeux, la fraude est toujours nécessaire pour donner naissance à l'action Paulienne, voilà le fait personnel qui donne au tiers le droit de recourir contre le débiteur devenu insolvable. Si vous n'aviez pas commis de fraude, la loi n'aurait pas permis aux créanciers d'agir contre nous, vous êtes en faute, vous nous avez causé un préjudice considérable, vous nous en devez réparation aux termes de l'art. 1382.

Je crois donc que les héritiers, qui avaient profité de la renonciation frauduleuse émanée du débiteur, peuvent se retourner contre lui, lorsqu'il redevien solvable, et lui demander une indemnité parce que ses dettes ont été payées avec des deniers qui ne lui appartenaient pas.

Laissons de côté le cas de renonciation et supposons un acte à titre onéreux ; la question me paraît beaucoup moins douteuse, le tiers acquéreur souffre en effet une véritable éviction et il a dès lors droit à la garantie [1].

HUITIÈME CHAPITRE

Durée de l'action Paulienne.

Quelle est la durée de l'action Paulienne ? Le Code n'en dit rien ; aussi plusieurs opinions ont-elles été émises.

Toullier pense que dans le silence de la loi, les juges auront un pouvoir d'appréciation, ils décideront d'après les circonstances. Cette manière d'expliquer le silence de la loi est trop hardie ; un pareil système est insoutenable, il est tout à fait contraire à l'esprit du Code ; il n'est pas dans les habitudes du législateur français de laisser un aussi grand pouvoir au juge, surtout en matière de prescription ; ce serait rendre la propriété incertaine, la faire varier au gré des Tribunaux.

Dans un autre système on applique l'art. 1304 [2] ; l'action Paulienne est, dit-on, une action en nullité,

[1] MM. Mourlon. Répét. écrites art. 788 et 1167. — Capmas n° 86.

[2] Duranton X, n° 585. — Delvincourt II, p. 523. —Colmar 17 février 1830.

il faut appliquer la prescription écrite dans la loi pour ces sortes d'actions ; elle durera donc dix ans sauf les causes de suspension.

La grande majorité des auteurs et la jurisprudence sont aujourd'hui d'accord pour décider que l'action Paulienne dure trente ans [1] ; le Code est muet, il faut appliquer la règle générale posée par l'art. 2262.

Quant à l'art. 1304, nous répondrons qu'il a été écrit pour une hypothèse différente de la nôtre, et il se justifie par des motifs qui n'existent plus dans notre espèce. Cette disposition suppose en effet que l'action en nullité est intentée par la personne même dont le consentement a été vicié ; la loi a diminué le temps de la prescription parce qu'il y a lieu de voir dans ce silence prolongé une ratification tacite. Dans notre cas, au contraire, l'action en révocation est exercée par des personnes étrangères à l'acte, elles l'auront presque toujours ignoré, ou du moins elles n'en auront eu connaissance que longtemps après sa perfection; le motif qui a dicté l'art. 1304 n'existe donc plus, et nous ne devons pas étendre cette disposition exceptionnelle.

On fait remarquer de plus, en faveur de ce système, que le droit pour les créanciers d'intenter la tierce-opposition, dure trente ans ; tout le monde est d'accord sur ce point, il faut admettre le même délai

[1] MM. Proudhon. Usufr. 2401. — Marcadé art. 1167, — Aubry et Rau sur Zach., § 313 p. 97 et n° 37. — Capmas n° 79.

Arr. de rejet, 24 mars 1830. — Toulouse 15 janvier 1834. — Riom 3 août 1840.

d'une façon générale sous peine de rompre l'harmonie de la loi, car il serait bien difficile de donner des motifs sérieux à l'appui d'une pareille distinction.

La prescription commence à courir à partir de la date de l'acte attaqué, quelle que soit du reste l'époque à laquelle les créanciers ont eu connaissance de la fraude.

Les sous acquéreurs à titre gratuit peuvent-ils repousser l'action Paulienne en se fondant sur l'art. 2265? Peuvent-ils invoquer la prescription de dix à vingt ans? MM. Aubry et Rau se refusent à l'admettre [1] et je comprends très-bien qu'on le décide ainsi dans le système qui déclare l'action Paulienne personnelle; la prescription qu'on peut opposer aux créanciers est une prescription libératoire, et la prescription libératoire est toujours de trente ans; mais nous n'avons pas admis cette opinion, je considère dès lors la prescription comme acquisitive; je n'hésite donc pas à appliquer l'art. 2265 et à permettre au sous-acquéreur à titre gratuit de bonne foi et à juste titre de repousser l'action des créanciers en prouvant qu'il possède depuis dix à vingt ans [2].

[1] MM. Aubry et Rau sur Zach., § 313 n° 38.

[2] Nous ferons remarquer avec Zachariæ et MM. Aubry et Rau qu'il ne faut pas confondre avec l'action Paulienne celles que les créanciers intentent contre un acte simulé. L'acte frauduleux a une existence véritable, l'acte simulé n'en a aucune. D'où nous conclurons que tous les créanciers peuvent saisir les tribunaux et faire reconnaître la non existence de ces actes sans qu'il y ait lieu de distinguer entre les créanciers antérieurs et les créanciers postérieurs. Il est évident aussi que l'art. 882 ne reçoit pas d'application au cas de partage simulé; les créanciers peuvent l'attaquer et en prouver la fausseté sans avoir cependant fait opposition. § 313, p. 98 et n° 42. — Bordeaux 20 juillet 1848; C. de Cass. 2 février et 20 mars 1852. — 22 mai 1854.

PREMIER APPENDICE

Procédure civile. – Tierce opposition.

Les créanciers sont garantis contre les actes frauduleux de leur débiteur par l'action Paulienne ; ils trouvent dans la tierce-opposition le moyen de faire tomber les jugements qui leur nuisent. Nous ne nous étendrons pas longtemps sur cette voie de recours qui exige les mêmes conditions et produit à peu près les mêmes effets que l'action Paulienne ordinaire.

Les créanciers peuvent souffrir beaucoup des décisions judiciaires rendues contre leur débiteur. Aux termes de l'art. 474 du Code de Procédure civile, le préjudice semble suffire, nous n'admettrons pas cette interprétation ; nous avons déclaré en effet que la fraude était toujours nécessaire pour permettre aux créanciers d'intenter l'action Paulienne, il faut le décider de même par *à fortiori*. Les créanciers ne peuvent donc triompher dans la tierce-opposition qu'en prouvant la collusion de leur débiteur.

Le créancier hypothécaire n'a pas à craindre qu'un jugement rendu contre son débiteur puisse porter atteinte à la sûreté qu'il s'est fait donner. L'hypothèque en effet constitue un droit réel, le créancier n'a donc pas été représenté dans l'instance et il peut répondre : *Res inter alios judicata*.... Il ne faudrait pas conclure de là que le créancier hypothécaire n'aura jamais intérêt à intenter la tierce opposition ; si la sûreté qu'il s'est fait donner est insuffisante, rien ne l'empêche d'exercer ce recours.

La tierce opposition n'a qu'un effet relatif, le jugement ne tombe pas *erga omnes*, mais à l'égard seulement des parties qui ont triomphé dans leur demande ; c'est à elles seules aussi qu'en appartient le profit.

Nous savons que le droit d'intenter la tierce opposition dure trente ans ; le législateur a fait exception à cette règle générale dans l'art. 873 du Code de Procédure civile. Nous avons déjà dit un mot de cette disposition qui peut servir à expliquer la seconde exception de l'art. 1167.

Aux termes de l'art. 1447, Code Napoléon, les créanciers peuvent se pourvoir contre un jugement de séparation de biens prononcé et même exécuté en fraude de leurs droits. Si cette disposition existait seule, les créanciers auraient trente ans pour exercer ce recours. L'art. 872, Code de Procédure civile assujettit le jugement prononçant séparation de biens à certaines conditions de publicité ; il doit être lu en l'audience du tribunal de commerce et affiché pendant un an dans l'auditoire du tribunal civil et de commerce et dans les chambres des avoués et notaires. Lorsque ces conditions de publicité ont été observées, les créanciers n'ont que le délai d'un an pour se pourvoir par tierce opposition.

Le motif de cette dérogation est facile à comprendre; le législateur n'a pas voulu laisser trop longtemps dans l'incertitude le régime des biens entre époux ; les pouvoirs du mari vont se trouver considérablement modifiés, il emporte d'asseoir rapidement cette situation nouvelle. Le législateur a pensé du reste que les créanciers auraient assez d'un an pour examiner si les causes de la séparation étaient sérieuses ; les précautions prises par la loi sont telles qu'à moins d'une négligence très coupable, ils sont avertis sans retard.

Lorsque les formalités prescrites par l'art. 872 ont été observées, les créanciers n'ont qu'un an pour agir par tierce opposition, est-ce à dire qu'ils ont trente ans dans le cas contraire ? Non, la tierce opposition leur est inutile, car, aux termes des art. 1444 et 1445 du Code Napoléon la séparation de biens tombe d'elle-même.

Nous avons jusqu'à présent supposé un jugement prononçant séparation de biens pure et simple, s'il statue à la fois sur la demande en séparation et sur les reprises de la femme, dirons-nous que les créanciers n'ont que le délai d'un an pour se pourvoir contre cette liquidation? La cour de cassation après avoir décidé l'affirmative s'est rangée à l'opinion contraire[1], et c'est le système qui me semble préférable malgré l'autorité de Toullier et Duranton. Les motifs que nous avons donnés, pour justifier la dérogation de l'art. 873, n'existent plus ; la situation des époux reste stable, bien que la question pécuniaire ne soit pas vidée d'une façon définitive. De plus, le jugement

[1] 11 novembre 1835. — Grenoble 7 juin 1851.
MM. Troplong. Contr. de mariage II, nº 1400. — Aubry et Rau sur Zach., § 516, nº 23.

porte sur deux chefs distincts, la question des reprises ne sera pas ordinairement vidée en même temps que la demande en séparation, il serait singulier de faire ainsi varier suivant les espèces le délai pendant lequel les créanciers peuvent attaquer la liquidation. Nous ajouterons que l'art. 873, Code de Procédure civile étant une disposition exceptionnelle, il faut l'entendre *stricto sensu.*

Lorsque les formalités exigées part l'art. 872 auront été observées, les créanciers n'auront donc qu'un an pour se pourvoir contre la séparation de biens, mais ils jouiront du délai ordinaire quant à la partie du jugement qui statue sur les reprises de la femme.

SECOND APPENDICE

Droit commercial.

Nous avons étudié la théorie de l'action Paulienne en droit civil, et nous avons vu les conditions qu'elle exige et les difficultés qu'en soulève l'exercice ; nous allons examiner rapidement certaines dispositions du Code de commerce qu'il sera utile de comparer à l'art. 1167.

Les art. 446 à 449 nous prouveront que le législateur s'est montré plus favorable aux créanciers d'un commerçant failli, qu'aux créanciers d'une personne en déconfiture ; et cela est de toute justice. Quand on traite avec une personne, on a ordinairement tout le temps nécessaire pour prendre des renseignements sur son état de fortune et sur son honnêteté ; dans le commerce il n'en est pas ainsi, les affaires s'y font avec une rapidité extrême ; cette activité est un élément essentiel de prospérité ; les créanciers ne peuvent donc réfléchir longtemps, ils peuvent encore moins exiger des garanties à l'occasion de chaque marché, ce serait la ruine du crédit, la ruine du commerce. De plus, les créanciers ne sont pas groupés autour de leur débiteur, ils ne sont pas domiciliés au même endroit, mais dispersés dans le monde entier ; il serait injuste d'appliquer la règle : *Jus civile vigilantibus scriptum est.* Aussi suit-on en matière de faillite le le principe contratre : Egalité entre tous les créanciers. Et puis, les actes de commerce sont innombrables ; on ne vend pas tous les jours une maison, on ne fait pas souvent des remises de dettes, etc., tandis qu'un commerçant fait cent marchés dans le même jour. Que de complications et que de frais, s'il fallait intenter l'action Paulienne à l'occasion de chacun de ces actes et prouver pour tous la mauvaise foi du failli et la complicité des tiers !

Il était donc juste de poser en matière de faillite des règles particulières.

Un règlement de 1667 spécial à Lyon portait que *toutes cessions et transports sur les effets du failli seraient nuls s'ils n'étaient faits dix jours au moins avant la faillite publiquement connue.* Ce règlement était obligatoire, car il fut homologué par arrêt du Conseil du 7 juillet 1667.

L'ordonnance de 1673 sur le commerce ne généralisa pas cette décision ; elle ne fit qu'appliquer purement et simplement les principes de l'action Paulienne [1]. L'art. 4 du titre XI portait : « Déclarons nuls tous transports, cessions, ventes et donations de biens meubles ou immeubles faits *en fraude* des créanciers. »

La déclaration de 1702 établit en loi générale le règlement de Lyon, elle ajouta même les hypothèques aux actes rangés dans cette catégorie. Elle terminait ainsi : « A ces causes, déclarons et ordonnons que toutes cessions et transports sur les biens des marchands qui font faillite seront nuls et de nulle valeur s'ils ne sont faits dix jours au moins avant la faillite publiquement connue ; comme aussi que les actes et obligations qu'ils passeront par-devant notaires au profit de quelques-uns de leurs créanciers ou pour contracter de nouvelles dettes, ensemble les sentences qui seront rendues contre eux, n'acquéreront aucune hypothèque ni préférence sur les créanciers chirographaires si lesdits actes et obligations ne sont passés et si lesdites sentences ne sont rendues pareillement dix jours au moins avant la faillite publiquement connue. Voulons et entendons en outre que notre édit du mois de mars 1673 demeure dans sa force et vertu et soit exécuté selon sa forme et teneur. »

C'est ce système du règlement de 1667 et de la déclaration de 1702 qui passa à peu près complète-

[1] L'opinion contraire est soutenue par M. Bravard. Traité de droit commercial VI, p. 205.

ment dans le Code de Commerce de 1808. Règle générale, il fallait appliquer la théorie de l'action Paulienne, art. 447 : « Tous actes ou paiements *faits en fraude des créanciers* sont nuls. » Mais des modifications avaient été apportées à ce principe pour certains actes passés dans les dix jours précédant l'ouverture de la faillite. Les uns étaient absolument nuls : donations immobilières, constitutions d'hypothèque ou de privilége, paiements anticipés; — tous actes de commerce étaient annulables sous la condition de prouver la complicité du tiers.

Cette législation fut vivement critiquée ; on se demandait pourquoi déclarer nuls les donations immobilières et les paiements anticipés, et respecter les donations mobilières. Pourquoi faire tomber les hypothèques et priviléges et déclarer seulement annulable la créance qu'ils garantissent ?

Ces critiques portèrent leur fruit, et la législation sur les faillites fut heureusement modifiée par la loi du 28 mai 1838.

Dans le sytème actuel, il y a trois classes de nullités. Le résultat sera toujours le même, mais la nullité sera prononcée avec plus ou moins de facilité suivant la classe à laquelle elle appartiendra. Aucune de ces nullités n'est absolue, elles ne sont jamais prononcées qu'en faveur de la masse des créanciers, c'est un point de ressemblance avec l'action Paulienne : mais au cas de faillite, les créanciers n'agissent pas eux-mêmes, se sont les syndics qui exercent les actions en nullité. De plus, lorsqu'un acte est annulé au moyen de l'action Paulienne, les créanciers antérieurs peuvent seuls dans notre opinion profiter de cette révocation : il en est autrement au cas de faillite, la nullité est prononcée en faveur de la masse des créanciers, et tous profitent de cette augmentation de l'actif.

Première classe de nullités. — Elle comprend trois actes aux termes de l'art. 446 : 1° *Tous actes translatifs de propriétés mobilières à titre gratuit.* On peut se demander si la constitution de dot doit être traitée dans ce cas comme un acte à titre gratuit; la question est discutée ; je crois avec mes savants maîtres MM. Duverger et Rataud qu'il faut lui appliquer l'art. 446. L'esprit de la loi me paraît être de frapper de nullité les actes qui portent atteinte à la masse sans compensation ; les termes de notre alinéa sont de plus tout à fait généraux et il est peu probable que le législateur n'ait pas pensé aux donations qui sont les plus fréquentes.

2° *Les paiements soit en espèces, soit par transports, vente, compensation ou autrement pour dettes non échues et pour dettes échues, tous paiements faits autrement qu'en espèces ou effets de commerce.*

3° *Toute hypothèque conventionnelle ou judiciaire et tous droits d'antichrèse ou de nantissement constitués sur les biens du débiteur pour dettes antérieurement contractées.* — Il faut supposer que l'hypothèque est constituée après la naissance de la dette ; si elle était cocomitante, elle ne serait pas nulle de droit ; il serait en effet singulier d'anéantir la sûreté en laissant debout la créance qu'elle garantit et dont elle a été peut-être la condition. Quand l'hypothèque est née en même temps que la créance, elle suit le sort de cette créance, dont elle n'est qu'un accessoire.

La loi ne parle ni des priviléges ni des hypothèques légales ; il ne faut pas voir là un oubli, car les priviléges et hypothèques légales naissent en même temps que les droits qu'ils sont destinés à protéger.

Nous venons de passer en revue les trois catégories d'actes compris dans l'art. 446 ; il suffit pour donner ouverture à cette nullité qu'ils aient eu lieu après l'époque fixée par le tribunal, comme étant celle de la cessation des paiements, ou dans les dix jours qui précèdent.

Cette action en nullité est bien différente de l'action Paulienne, on ne s'inquiète nullement de la bonne ou mauvaise foi du failli ni des tiers, le tribunal n'a aucun pouvoir d'appréciation, c'est une simple question de date.

Deuxième classe de nullités. — La loi présume toujours la fraude de la part du failli, mais les actes, dont il est question, ne peuvent être annulés que si le tiers est de mauvaise foi ; c'est là une grande différence avec la première classe de nullités. Elle ne frappe aussi que les actes postérieurs à la cessation des paiements, et les principes commandaient impérieusement cette division; avant cette époque, en effet, le tiers n'a pas pu connaître une cessation de paiements qui n'existait pas.

L'art. 447 ne procède plus par voie d'énumération, le principe est que tous les actes préjudiciables à la masse sont soumis à cette action en nullité, sauf ceux qui rentrent dans la première ou la troisième catégorie. Trois conditions sont exigées pour que l'acte soit déclaré nul : 1° Il doit être préjudiciable à la masse. — 2° Il faut prouver que le tiers avait connaissance de l'état de cessation des paiements. — 3° Ces deux points une fois établis, il reste encore au juge un pouvoir d'appréciation. Cela résulte du texte même de notre art. 447 ; le tiers en effet bien que connaissant la cessation des paiements a pu agir de bonne foi [1].

Nous pouvons comparer l'action en nullité, résultant de l'art. 447 du C. de Comm. à l'action Paulienne de l'art. 1167, C. N. On a prétendu que l'art. 447 n'était que l'application pure et simple des principes de l'action révocatoire ordinaire. C'est une erreur ; il y a de grandes ressemblances, il est vrai, mais nous pouvons signaler quatre différences principales : 1° Les créanciers qui intentent l'action Paulienne doivent prouver la fraude de leur débiteur, l'art. 447 la présume. — 2° D'après l'art. 1167, quand il s'agit d'un acte à titre onéreux, il faut établir la complicité des tiers, et cette complicité consiste dans la connaissance de l'insolvabilité du débiteur. Dans notre matière, la fraude, c'est la connaissance de la cessation des paiements. Cette distinction est importante, car la faillite peut avoir lieu sans qu'il y ait insolvabilité. — 3° L'action Paulienne ne peut, d'après nous, profiter qu'aux créanciers antérieurs à l'acte annulé, et à ceux seulement qui ont agi ; en matière de faillite, au contraire, la nullité étant prononcée en faveur de la masse, tous les créanciers

[1] C. de Cass. 20 janvier 1857.

profitent de cette révocation sans distinction de date. — 4° Les paiements de dettes échues ne tombent pas sous le coup de l'action Paulienne; les art. 808 et 809 le prouvent, et nous connaissons le vieil adage: *Jus civile vigilantibus scriptum est.* — Il en est autrement en matière de faillite, l'art. 447 est général, et le droit commercial abhorre la maxime : *Jus civile....* Est-ce qu'un commerçant n'est pas tenu de payer ses dettes? Il est des cas où il en est dispensé, où il doit bien se garder de le faire afin de ne pas favoriser certains créanciers aux dépens des autres (art. 438).

L'art. 449 modifie la règle posée par l'art. 447 quand il s'agit d'une lettre de change ou d'un billet à ordre; nous en indiquerons seulement le principe. Supposons que le porteur d'une lettre de change ou d'un billet à ordre soit payé après l'époque fixée comme étant celle de la cessation des paiements, mais avant le jugement déclaratif de faillite ; si nous n'avions que l'art. 447, il pourrait être soumis au rapport, l'art. 449 l'en exempte. Cette décision de la loi est fort équitable ; le crédit est sans doute fort intéressé à ce qu'il en soit ainsi, mais il y a aussi un motif légal. Le porteur est obligé de se présenter au terme même de l'échéance ; si on lui offre son paiement, il ne peut pas faire de protêt; si la loi autorisait un recours contre lui, il serait donc traité comme un porteur négligent et aurait perdu tout recours contre les endosseurs; il y aurait eu là une grave injustice. La loi aurait pu, il est vrai, lui accorder une sorte de *restitutio in integrum*, mais c'eût été faire peser trop longtemps la garantie sur les endosseurs, fardeau d'autant plus lourd qu'il eût été plus incertain.

Est-ce à dire que les créanciers vont se trouver sans ressource ? Non, la loi leur accorde un recours contre la personne, qui, en réalité, a profité du paiement, c'est-à-dire le premier endosseur, s'il s'agit d'un billet à ordre, le tireur ou donneur d'ordre s'il s'agit d'une lettre de change. Pour triompher dans leur demande, ils devront prouver que le défendeur avait connaissance de l'état de cessation des paiements, lorsqu'il a émis l'effet.

Troisième classe de nullités. Art. 448. L'inscription de privilége ou d'hypothèque peut être valablement prise jusqu'au jour du jugement déclaratif ; toutefois, les inscriptions prises après la cessation des paiements ou dans les dix jours qui précèdent, peuvent être déclarées nulles, s'il s'est écoulé plus de quinze jours entre la date de l'acte constitutif et celle de l'inscription. Un pareil retard peut cacher un concert frauduleux.

Cette nullité offre un caractère spécial ; elle diffère de la première en ce que, même après le délai de quinzaine, le juge a un pouvoir d'appréciation, il reste libre, ce n'est pas une nullité de droit. Elle diffère de la seconde classe en deux points. Notre article n'exige pas la fraude, il punit la simple négligence ; en second lieu nous voyons reparaître le délai de dix jours avant la cessation des paiements, tandis que l'art. 447 ne s'applique qu'aux actes postérieurs à cette seconde époque.

Nous n'avons pas à nous inquiéter des actes postérieurs au jugement déclaratif de faillite ; le failli étant dessaisi de l'administration de ses biens, tous ces actes sont nuls sans distinction à l'égard des créanciers.

Quant aux actes antérieurs aux différents délais fixés par la loi, les articles que nous venons de parcourir sont sans application possible ; les créanciers n'ont que la ressource de l'action Paulienne.

POSITIONS

DROIT ROMAIN

I. En cas de constitution de dot la complicité de la femme est exigée pour que l'action Paulienne soit donnée contre elle.

II. La loi 6 § 10 ne suppose pas des actes à titre gratuit.

III. Il n'y a pas antinomie entre les lois 25 § 4 10 § 20 de notre titre et la loi 22 § 1, 38-4 *de usuris*.

IV. L'émolument résultant de la révocation profite à tous les créanciers.

V. L'interdit fraudatoire ne tranche pas une simple question de possession.

VI. L'action Paulienne réelle ne s'intente pas contre tout possesseur.

VII. L'action Paulienne *in rem* est postérieure à l'action personnelle.

DROIT FRANÇAIS

I. Il n'y a plus lieu de distinguer entre les actes par lesquels on s'appauvrit et ceux par lesquels on néglige de s'enrichir.

II. L'art. 882 contient une dérogation formelle à la règle de l'art. 1167.

III. Le *consilium fraudis* est toujours nécessaire pour que l'action Paulienne ait lieu.

IV. L'art. 2225 ne fait aucune dérogation aux règles générales.

V. Le sous-acquéreur à titre onéreux ne peut être atteint par l'action Paulienne que s'il est lui-même complice.

VI. La constitution de dot est un acte à titre onéreux tant à l'égard de la femme qu'à l'égard du mari.

VII. L'action Paulienne est mixte.

VIII. Les créanciers postérieurs à l'acte frauduleux ne peuvent profiter de sa révocation.

IX. Le tiers non donataire peut recourir contre son auteur.

X. Le sous-acquéreur de bonne foi peut opposer la prescription de dix à vingt ans.

PROCÉDURE CIVILE

XI. Lorsque le jugement de séparation de biens statue sur les reprises de la femme, les créanciers ont trente ans pour exercer la tierce opposition sur ce chef.

DROIT COMMERCIAL

XII. La constitution de dot tombe sous le coup de l'art. 446 du Code de Commerce.

DROIT CRIMINEL

I. La chose jugée au criminel ne peut plus être remise en question devant les tribunaux civils.

II. Une personne acquittée en Cour d'Assises ne peut être poursuivie en police correctionnelle à raison du même fait.

DROIT DES GENS

I. Les jugements rendus par les tribunaux étrangers n'ont en France ni force exécutoire ni force de chose jugée.

II. Les ambassadeurs n'ont droit de marier que deux personnes appartenant à la nation qu'ils représentent.

HISTOIRE DU DROIT

I. Les Etablissements de saint Louis ne sont pas l'œuvre de ce prince.

II. L'origine de la noblesse n'est pas Romaine, elle a pris naissance dans l'antrustionat.

DROIT COUTUMIER

I. Il n'est pas exact de dire que le prix des baux à ferme a été rangé pour la première fois parmi les fruits civils par le Code Napoléon.

II. Le douaire est bien antérieur à l'ordonnance de Philippe Auguste, il nous vient du droit germanique.

Vu par le Président de la Thèse,

E. MACHELARD.

Vu par l'Inspecteur général délégué

CH. GIRAUD.

Permis d'imprimer :

LE VICE RECTEUR DE L'ACADÉMIE,

A. MOURIER.

Abbeville. — Imp. P. Briez.

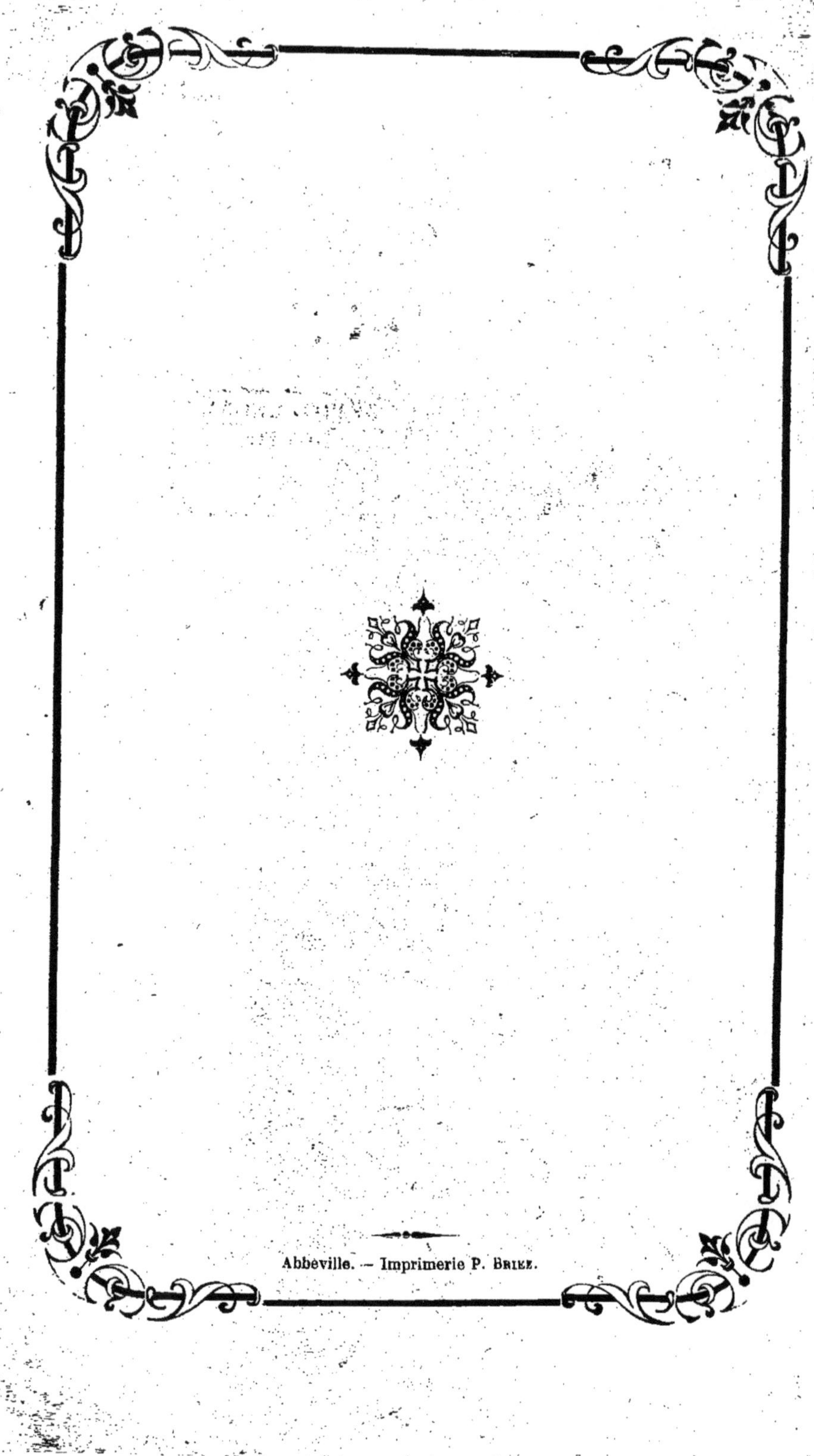

Abbeville. — Imprimerie P. Briez.

www.ingramcontent.com/pod-product-compliance
Ingram Content Group UK Ltd.
Pitfield, Milton Keynes, MK11 3LW, UK
UKHW020119200726
13856UKWH00002B/634

9 782011 930972